U1002026

中小学生“平安课堂”系列丛书

总主编　莫关耀

高中生毒品预防

专题教育手册

郑伟俊　莫关耀　编

CPPSUP 中国人民公安大学出版社

跟随我国著名的禁毒教育专家莫关耀教授一起畅游禁毒知识的海洋吧。你可以认清毒品的危害，掌握拒毒的技巧……

小九
王牌缉毒犬
安仔
交通秩序的领航人
阿虎
敏锐果敢的网警
警犬
POLICE
钱袋子的守护人
大壮
细致耐心的治安民警
丸子
活泼机智的社区民警
柚子

老莫访谈

禁毒小课堂

POLICE

前言

2018年6月，习近平总书记就禁毒工作作出重要指示强调："要加强党的领导，充分发挥政治优势和制度优势，完善治理体系，压实工作责任，广泛发动群众，走中国特色的毒品问题治理之路，坚决打赢新时代禁毒人民战争。"近年来，全国破获毒品犯罪案件数、现有吸毒人数、新增吸毒人数、青少年吸毒人数全面持续下降，禁毒形势整体向好、持续改观，禁毒斗争取得了阶段性成果。

青少年是民族的希望、祖国的未来。2021年10月26日，教育部印发《生命安全与健康教育进中小学校课程教材指南》，整体上将禁毒教育纳入生存安全教育、生活健康教育和生命价值教育范畴，进一步明确了小学、初中阶段纳入"道德与法治"课程，高中阶段纳入"思想政治"课程，细化了教学目标、教学内容。

为进一步加强青少年毒品预防教育的科学性、针对性和有效性，深入贯彻落实习近平总书记关于禁毒工作“要坚持关口前移，预防为先，重点针对青少年等群体，深入开展毒品预防宣传教育”的指示精神，以及国家禁毒委员会、教育部等关于开展中小学生毒品预防教育的具体部署，我们组织多位全国知名毒品预防教育专家编写了“中小学生毒品预防专题教育手册”系列图书，作为中小学生学习禁毒知识的辅助材料。高尔基说过，书籍是青年人不可分离的生活伴侣和导师，期盼本系列图书能对同学们有所裨益。

“中小学生毒品预防专题教育手册”系列图书由全国著名禁毒教育专家、国家禁毒办专家库成员莫关耀教授（云南师范大学）担任总主编并进行统稿，小学生分册由杜敏菊教授（云南师范大学）撰稿、初中分册由朱晓莉教授（福建警察学院）

撰稿、高中分册由郑伟俊讲师（云南师范大学）撰稿。

在编写过程中，我们参考了大量专家学者的著作和相关权威组织的专业资料，在此一并致谢！由于时间仓促、水平有限，疏漏之处还请各位同仁、老师、同学们批评指正。

2024 年 4 月

目录

扫一扫 看视频

POLICE

第一课 毒品形势早知晓

美好的生活令人向往，你期待的美好生活是怎样的？美好的生活需要依靠勤劳的双手来创造，但是在我们追求美好生活的道路上会有诸多障碍，毒品就是阻挡我们追求美好生活的“拦路虎”之一。通过社会的宣传和初中的学习，我们对毒品有了一定程度的认识。当前，毒品形势依然严峻，毒品来源日益复杂，毒品种类越来越多，伪装性也越来越强，其危害性加剧、隐蔽性增强，对青少年群体提出严峻挑战。

作为已经具备诸多知识及较强分析能力的高中学生，应该学会从更多视角来审视毒品问题，从而更有效地应对毒品侵袭。

毒雾弥漫全球

一、毒雾弥漫全球

毒品对于全世界而言仍是一个沉重的话题，吸毒、贩毒所带来的社会问题是全人类面临的共同威胁。毒品危害虽然在世界各国存在的情况不同，表现形式不一，但它们都会对国家安全、民族兴盛和人民福祉构成威胁。全球化毒品问题正对人类的生存和发展产生极大的影响，成为严重的社会问题和公共卫生问题。抵制毒品，反对毒品，打击遏制毒品违法犯罪的滋生和蔓延，已经成为各国政府和人民的共识和长期任务。

导读

数据链接

《2023 年世界毒品报告》指出，世界范围内的毒品使用率仍然很高，2021 年，全球 15–64 岁的人中，每 17 人就有 1 人在过去 12 个月里使用过一种毒品。据估计，使用人数从 2011 年的 2.4 亿增长到 2021 年的 2.96 亿（占全球 15–64 岁人口的 5.8%），这个数字增长了 23%，部分原因是人口增长。

大麻仍然是使用最多的毒品，2021 年有 2.19 亿大麻使用者（占全球成人人口的 4.3%）。该毒品的使用正在增加，虽然全球大麻吸食者大多是男性（约 70%），但在一些次区域，性别差距正在缩小；在北美洲，大麻使用者中女性占 42%。

2021 年约有 6000 万人滥用阿片类药物，其中 3150 万人使用阿片剂（主要是海洛因），约 3600 万人使用苯丙胺类毒品，约 2200 万人使用可卡因，约 2000 万人使用摇头丸类物质。

结合以上数据和所了解过的毒品知识，形成你自己对于世界毒情变化的观点。

知识分享

（一）全球毒品新形势

一是世界毒品形势的严峻性和复杂性日益增加

全球仍然面临着严重的毒品泛滥问题，吸毒人员的数量呈逐年上升趋势。阿片剂、可卡因、大麻、苯丙胺类兴奋剂和新精神活性物质的滥用也不断增加。当前，世界毒品及涉毒犯罪形势十分严峻，特别是在一些贫穷落后的发展中国家，毒品的生产与消费增长迅速，与毒品有关的各种严重暴力活动日益增多，毒品与刑事犯罪、走私、腐败以及有组织的跨国犯罪等的联系更加紧密。

二是“第三代毒品”数量持续攀升

新精神活性物质是继天然毒品（如鸦片、大麻和古柯及其衍生物）、合成毒品（如冰毒、摇头丸、麻古等）之后，21 世纪以来流行全球的“第三代毒品”。新精神活性物质被不断从实验室策划出来，从 2009 年的 126 种快速攀升，截至 2024 年，已超过 1200 种。

禁毒名言警句

毒品离我们并不遥远，也许就在你我身边，务请远离。

三是预防和治疗服务仍然不足

2021 年，全球只有 1/5 患有毒品相关疾病的人因吸毒而接受治疗，各地区获得治疗的差距不断扩大。全世界有几个地区，青年人最容易吸毒，也更容易受到药物使用障碍的影响。例如，在非洲，70% 接受治疗的人年龄在 35 岁以下。公共卫生、预防和治疗服务必须在全球范围内得到优先考虑，否则吸毒带来的挑战将更加严峻。

时政要闻

2023 年 2 月 21 日，我国发布《全球安全倡议概念文件》，指出：安全问题事关各国人民的福祉，事关世界和平与发展的崇高事业，事关人类的前途命运。中国支持联合国三项禁毒公约，维护国际禁毒体制，倡导国际社会协调一致、责任共担、真诚合作，共同应对毒品问题带来的挑战，构建不受毒品危害的人类命运共同体。

同学们，你对这段话有何思考？

（二）世界主要毒品产地

目前，世界上毒品的主要来源仍然是三大毒品产地。它们多位于几个国家的交界处，形成“几不管”的地带，分别是“金三角”“金新月”和“银三角”。

“金三角”：位于东南亚的泰国、缅甸、老挝三国边境地区的一个三角形地带，澜沧江－湄公河从此处流过，交通闭塞、重峦叠嶂、生产落后，但这个地区长期盛产罂粟，通过当地的军阀、毒枭等制造鸦片、海洛因而闻名于世。“金三角”地处亚热带，长期光照使得这里的各类植被都能快速生长，很适合罂粟的存活，当地农民长期依赖于罂粟种植作为生活来源。

19 世纪末到 20 世纪初，英、美、法等国先后到这里传授种植罂粟、提炼鸦片技术，再对这里的鸦片进行收购，种植罂粟在这里逐渐形成了气候。20 世纪 50 年代形成了第一个鸦片生产的高潮，60 年代出现了所谓的“黄金时代”，“金三角”成为世界上最大的鸦片、海洛因的产地。据了解，这里的罂粟种植面积曾经达到 100 万亩以上，每年可以产出鸦片 2650—2800 吨，海洛因可以产到 200 吨左右。近年来，海洛因年产量下降到 50—60 吨。很多人认为“金三角”是全球 20% 鸦片的供应源头，每年经过“金三角”地区贩运的海洛因却远不止 20%，能达到 60%—70%。2023 年，“金三角”缅甸鸦片产量猛增到 1080 吨。

2002 年 — 2022 年缅甸北部罂粟种植面积统计图

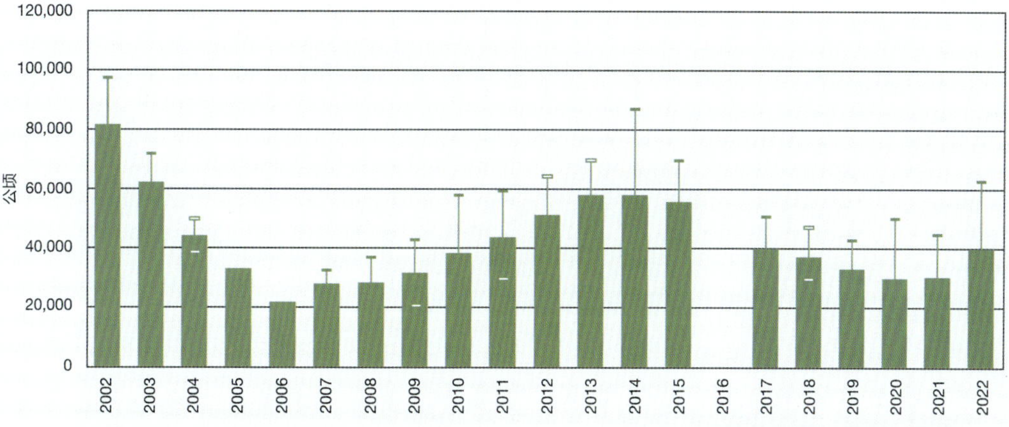

资料来源：联合国毒品和犯罪问题办公室：《2022 年缅甸鸦片调查种植、生产和影响》
注：2016 年未进行调查

“金新月”：位于阿富汗、巴基斯坦和伊朗三国交界的地带，因地形像极了一轮弯弯的新月，又盛产利润极高的毒品——鸦片，故被称为“金新月”。“金新月”地区人口稀少、交通不便、气候干燥，在20世纪80年代之后发展成了一个新的毒品产区。2017年，阿富汗鸦片产量高达9000吨，居全球第一，而当年全球的鸦片产量是10500吨。

2005年—2022年阿富汗鸦片产量（吨）

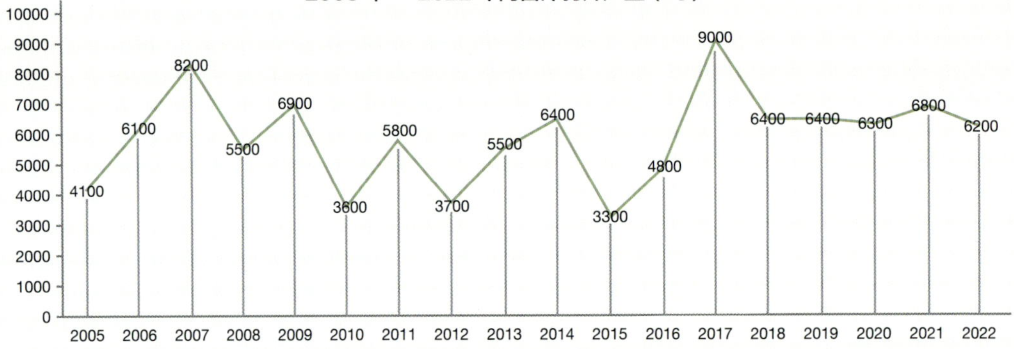

“银三角”：指拉丁美洲毒品产量集中的哥伦比亚、秘鲁、玻利维亚和巴西所在的安第斯山和亚马孙地区。这一带由于盛产可卡因、大麻等毒品而闻名，被人们称为“银三角”，是世界毒品主要来源地之一。

2010年—2021年全球古柯树种植、可卡因辑获量和可卡因产量

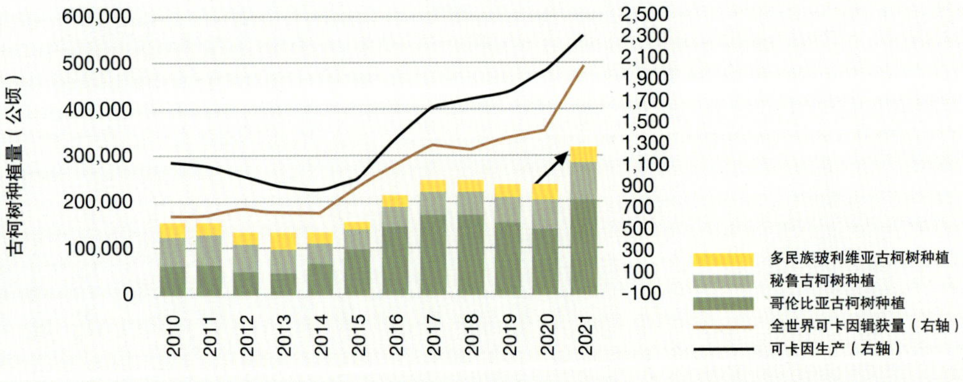

注：2019年全球产量1784吨，2020年全球产量1982吨，2021年全球产量2300吨

（三）世界毒品主要消费

2021 年，全球有超过 2.96 亿人使用毒品，比前 10 年增加了 23%。与此同时，患有药物使用障碍的人数激增至 3950 万，在 10 年间增加了 45%。超过 2 亿人吸食大麻，约 6000 万人滥用阿片类药物，其中 3150 万人使用阿片剂（主要是海洛因），约 3600 万人使用苯丙胺类毒品，约 2200 万人使用可卡因。在美国鸦片类毒品和合成鸦片类毒品，特别是芬太尼造成巨大危害。在西非、中非和北非，另一种合成阿片类药物曲马多正在引发新的危机。全球注射毒品者（约 1320 万人）中有 1/8 为艾滋病病毒感染者，有一半人同时带有丙型肝炎和艾滋病病毒。

2006 年—2021 年全球吸毒人数（亿人）

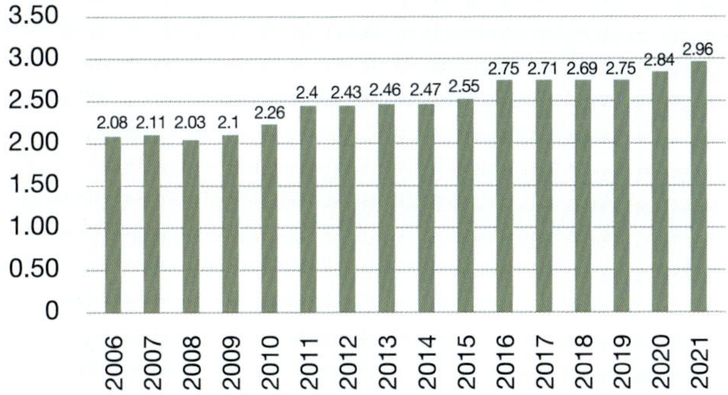

因滥用药物导致的死亡人数

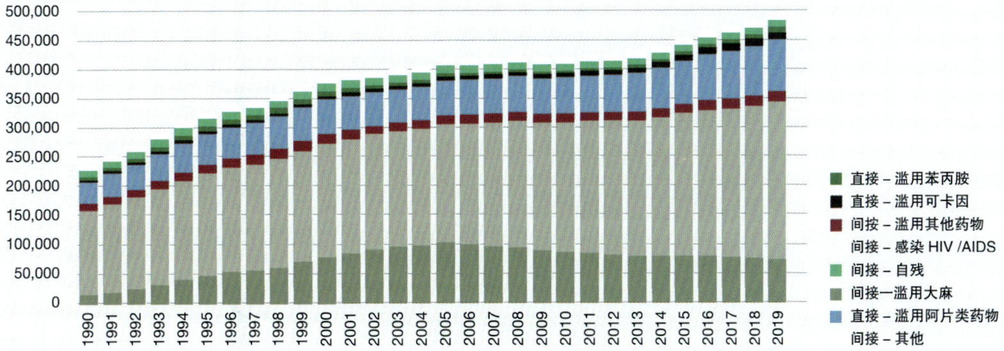

思考与讨论

访问联合国网站（https://www.unodc.org/）查看近两年世界毒品报告。

当今世界，全球化毒品问题正对人类的生存和发展构成严重威胁。

请思考：目前毒品形势日趋严峻，毒品种类层出不穷，全球流通加快，你认为世界毒品问题对我们有影响吗？为什么？

禁毒小课堂

二、毒品困扰中国

中国曾经是遭受毒品危害最为严重的国家。在中国悠久璀璨的文明史上，没有哪一种物质像鸦片那样撼动过这个古老国度的根基，并给她带来难以估量的灾难与耻辱。中华人民共和国成立以后，我国保持了近 30 年的无毒纪录，然而，时至 21 世纪的今天，毒品仍是困扰中国经济社会发展、危及和谐社会构建、损害民众身心健康的重大社会问题。近代禁毒史上血的教训，以及当前毒品问题的严峻态势告诉我们，对此决不可掉以轻心。

导读

案例分析

中国广东“雷霆扫毒”专项行动

2013 年 12 月 29 日凌晨 4 时，3000 名公安、武警、边防警力，2 架直升机、6 艘舰艇出动，以汕尾市为主战场清剿“冰毒第一村”，并在广东省部分地市及全国部分省区开展统一收网行动，一举摧毁以广东省陆丰籍大毒枭为首的 18 个特大制贩毒犯罪团伙，抓捕犯罪嫌疑人 182 名，捣毁制毒工厂 77 个和 1 个炸药制造窝点，缴获冰毒 2925 千克、“K 粉”260 千克、制毒原料 23 吨、枪支 9 支、子弹 62 发、手雷 1 枚、管制刀具、弓弩及制毒工具一批。

该专项行动自 2013 年 7 月 30 日开展以来历时 73 天，广东警方共破获毒品案件 9311 宗，抓获犯罪嫌疑人 10836 名，缴获各类毒品 8135 千克。

思考

“冰毒第一村”给我们带来什么样的警示？

知识分享

我国毒品发展新态势

1. 毒品滥用

2022 年，中国现有吸毒人数占全国人口总数的 0.8‰，远低于世界水平的 5.6%（15-64 周岁），全国毒品滥用规模持续缩小。截至 2022 年底，现有吸毒人员 112.4 万名，同比下降 24.3%；新发现吸毒人员 7.1 万名，同比下降 41.7%；戒断 3 年未发现复吸人员 379 万名，同比上升 11.4%。现有吸毒人数连续 5 年下降，戒断 3 年未发现复吸人数连续 10 年上升，毒品滥用治理成效持续显现。

（1）滥用品种多样叠加

受毒品供应大幅降低影响，国内常见毒品价格居高不下，毒品买不到、吸不起成为普遍现象。部分吸毒人员为缓解毒瘾，转而寻求其他麻醉药品和精神药品、新精神活性物质及未列管物质进行替代滥用，或交叉滥用非惯用毒品以满足毒瘾。全年查处滥用曲马多、二氯西泮等麻醉药品和精神药品，以及氟胺酮、合成大麻素等新精神活性物质人数增多。

（2）滥用替代物质危害显现

吸毒人员滥用毒品替代物质后，易导致精神异常、出现幻觉或者狂躁症状，存在肇事肇祸风险。不法分子利用迷药类精神药品制成“迷奸水”“听话水”，实施强奸、猥亵等犯罪活动。多地还出现青少年群体滥用“笑气”等未列管物质情况，严重侵害青少年身心健康。

2010 年 — 2022 年我国吸毒人数（万人）

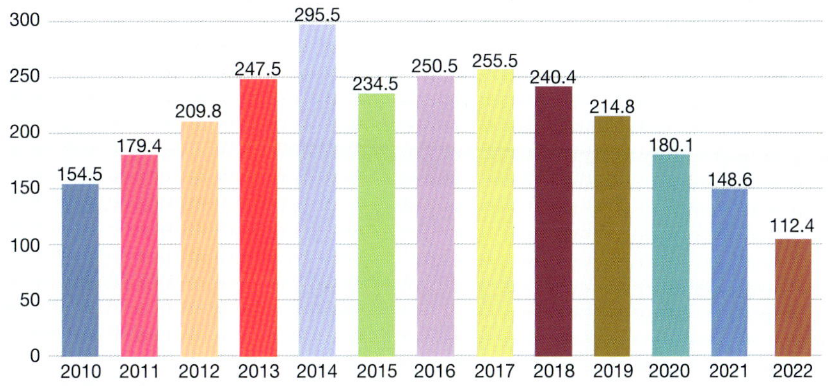

注：2010 年 – 2014 年为吸毒登记在册人数，2015 年 – 2022 年为现有吸毒人数

2. 毒品来源

中国毒品主要来源于境外输入，国内地下制造毒品市场占比极小。“金三角”“金新月”和南美等境外毒源地对中国“多头入境、全线渗透”的复杂态势仍未改变，境外毒品向我国渗透进一步加剧。国内地下制造毒品流入国内外市场大幅减少。

（1）境外毒品来源

“金三角”地区仍是境外输入我国的最主要毒源地。2022 年，我国共缴获海洛因 1.3 吨，同比下降 27.6%，其中来自“金三角”地区 1.29 吨，占缴获总量的 98.8%；缴获冰毒 9.1 吨，同比下降 39.3%，其中来自“金三角”地区 8.4 吨，占缴获总量的 92.1%。

“金新月”毒品产量保持高位，海洛因走私入境时有发生。2022 年缴获的 1.3 吨海洛因中，有 15.8 千克来自“金新月”地区，占缴获总量的 1.2%。

境外输入氯胺酮和可卡因较多。2022 年缴获氯胺酮 1.3 吨，同比上升 185%，主要来自柬埔寨和泰国，经我国东南沿海向我国港台地区中转；全年缴获可卡因 176.6 千克，同比下降 74.4%，主要从南美地区海运走私至我国沿海地区中转分销，以大宗案件为主。

北美大麻走私入境案件上升明显，对我国构成新的威胁。2022 年，缴获境外大麻 200.6 千克，同比减少 35.1%，主要来自北美地区，多通过国际邮包少量、多次、分散入境，涉及我国多个省份。

（2）国内毒品制造

国内规模性制毒活动得到有效遏制，且继续萎缩。2022 年，共缴获毒品 656 千克，同比下降 12.4%，制毒活动在部分省份零星散发，呈现出选址隐蔽、规模小型、分段加工、多点合成等“零、小、散”特点。

制毒物品流失不断减少。通过加强易制毒化学品监管，推进制毒物品清理整顿，强化流失堵截倒查工作，国内制毒物品流失得到有效防控。全国破获制毒物品案件 287 起，同比上升 24.8%，缴获各类制毒物品 660.2 吨，同比下降 48.5%。不法分子为逃避法律监管、规避打击，不断研发改进制毒工艺，寻求更多种类非列管化学品用于制毒。

2012 年 — 2023 年全国毒品缴获总量（吨）

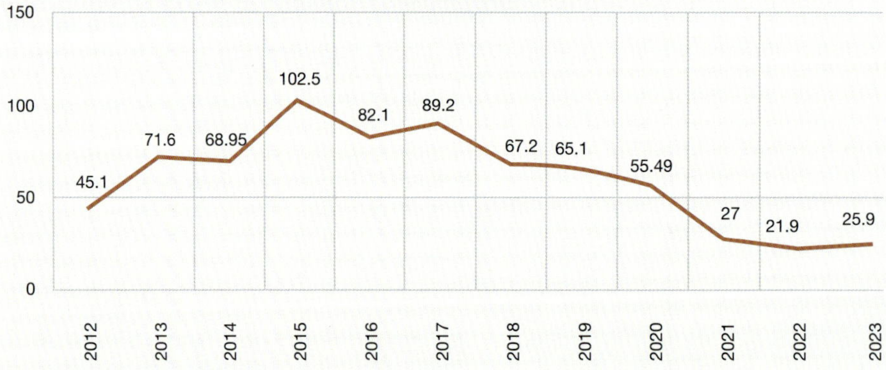

3. 毒品贩运

2023 年，我国共破获毒品犯罪案件 4.2 万余起，抓获犯罪嫌疑人 6.5 万余人，缴获各类毒品 25.9 吨。

非接触式贩毒模式突出。2022 年，我国共破获涉互联网贩毒案件 2761 起，缴获毒品 1.2 吨，缴毒数量同比增长 119%。

贩毒渠道以陆路为主。2022 年，共破获陆路贩毒案件 2 万起，缴获毒品 7 吨；破获邮路贩毒案件 2103 起，缴获毒品 1.5 吨；海上走私大宗毒品问题突出，共缴获毒品 1.1 吨。

跨区域贩毒活动减少。2022 年共抓获外籍贩毒嫌疑人 141 名，同比下降 47%；抓获外流贩毒人员 6626 名，同比下降 30.7%。

2005 年 — 2023 年全国破获毒品刑事案件数（单位：件）

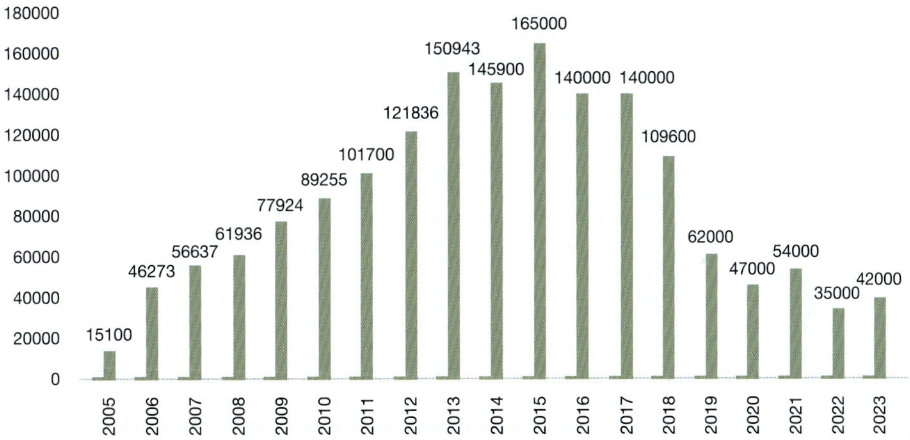

2005 年 — 2023 年抓获毒品犯罪嫌疑人数

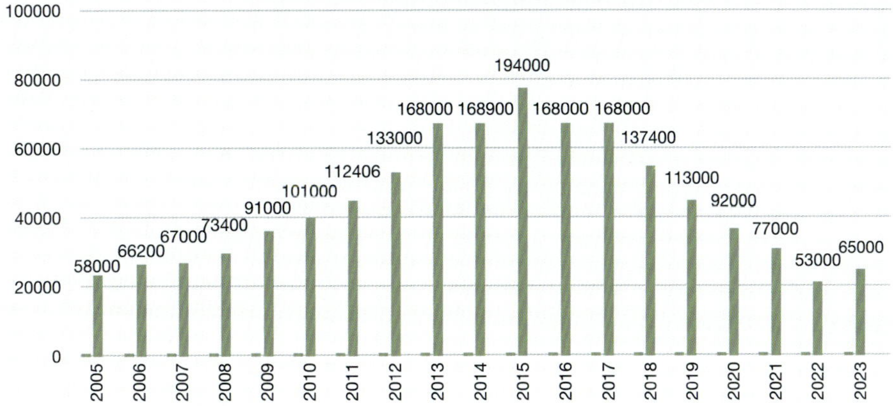

思考与讨论

阅读资料 1

禁毒圈微信公众号："近 5 年中国毒情形势报告全文（2018—2022）"

阅读资料 2

缉毒英雄李敬忠

2016 年 11 月 4 日，就在"10・5"湄公河惨案成功侦办 5 周年之际，在第四轮禁毒人民战争启动后半年，景洪市公安局禁毒大队副大队长李敬忠，在抓捕毒贩过程中，被毒贩两颗罪恶的子弹射穿脖颈，壮烈牺牲，热血染红了边境禁毒的道路，成为西双版纳傣族自治州公安机关成立以来第 6 位在禁毒工作中牺牲的民警。8 月 25 日，这一天是他 32 岁的生日，李敬忠曾在微信朋友圈中写道："惊险 18 小时，我们不敢放松，不愿错失任何一丝希望，结果算好，一切顺利。跨入 32 岁的第一份礼物：无畏、无惧、无悔！虽然没有蛋糕，但有战友，一个不抛弃、不放弃的团队。感谢人生给予我帮助、教会我做人。"把黑暗挡住，把阳光留给百姓，人生才不后悔。

2013 年至 2018 年，全国牺牲公安民警 2304 人，几乎每天都会牺牲一名。牺牲民警平均年龄 41 岁，比我国人均寿命低 32.5 岁。禁毒民警又是各警种里伤亡率最高的，比全国公安民警因公牺牲平均年龄低 1.8 岁，其中，最小的 18 岁，最大的 68 岁。

缉毒警察是一个特别危险的职业，他们是刀尖上的战士，每天面对着疯狂危险的毒品犯罪分子。可他们也是一个普通人，他们有家人，是丈夫，是父亲，也是儿子。他们中间不少人没有体会过爱情的美好，不能看着孩子长大成人，不能孝敬双亲……为了保护人民生命财产安全，维护社会稳定，把自己宝贵的生命奉献给了禁毒事业。

1. 你还知道哪些禁毒英雄的故事，请跟同学分享。

2. 禁毒只是公安机关的事吗？面对禁毒人民战争时我们可以做些什么呢？

三、毒品就在身边

根据国家禁毒委员会办公室的调查显示，在青少年吸毒者中，由于无知好奇、交友不慎而被他人引诱吸毒的所占比例最高。毒品知识的缺乏、对待毒品的态度不正确，会增加青少年使用毒品的风险。但调查也表明，年轻一代对我国禁毒事业的发展非常支持，愿意采取具体的行动来推进毒品预防教育事业的发展。青少年认清毒品危害，树立远离毒品意识，在人生成长过程中自觉抵制毒品诱惑，是一项重大的政治责任、历史责任和社会责任。

导读

数据链接

国家禁毒委员会办公室发布的《2022年中国毒情形势报告》显示，我国现有吸毒人员112.4万名，同比下降24.3%。截至2019年年底，我国18岁到35岁的吸毒人员104.5万名，18岁以下的7151名。

根据《欧洲毒品报告：趋势和发展 》(2019) 显示，在欧盟28个成员国中，约有9600万成年人沾染过毒品，约有1750万名15岁—34岁的年轻人吸食过大麻，约有260万名15岁—34岁的年轻人服用过可卡因。

通过这组数据你想到什么？

大家还记得什么是毒品吗？

根据《中华人民共和国禁毒法》第二条的规定，毒品是指鸦片、海洛因、甲基苯丙胺（冰毒）、吗啡、大麻、可卡因以及国家规定管制的其他能够使人形成瘾癖的麻醉药品和精神药品。

知识分享

我们许多人或许有一颗“远离毒品”的心，但现实生活中，诱惑时刻会出现，陷阱更是无处不在。有时，只有一颗正确的心可能还远远不够，如果没有一定的防备意识，“中招”后果不堪设想。近年来，第三代新精神活性物质蔓延，如芬太尼、卡西酮等，它们具有与毒品相似甚至更强的兴奋或致幻、麻醉等效果，但在传播过程中被伪装成无害、无成瘾性的假象，造成其接触者，尤其是青少年，极易放松警惕。毒贩利用各种“网红”的名称、名人头像等对毒品进行“包装”，博人眼球，同时不断将各种合成毒品推陈出新，引诱青少年。新型的毒品摇身一变换上“断片酒”“失身酒”“吹气球”“奶油气弹”“冬虫夏草解酒包”“丧尸浴盐”“止咳水”“迷幻蘑菇”等名称，巧妙躲过网监部门对毒品的筛查。同时，将毒品的“外衣”变成“咔哇潮饮”“彩虹烟”“咖啡包”“小树枝”“神仙水”“娜塔沙”“0 号胶囊”“巧克力”“奶茶”“茶叶”“咖啡”“跳跳糖”“药片”“维生素片”等迷惑青少年消费，入侵青少年的花样年华。

（一）什么是麻精药品

麻精药品是麻醉药品和精神药品的简称，是指列入麻醉药品品种目录、精神药品品种目录的药品和其他物质，包括其可能存在的盐和单方制剂，异构体、酯及醚等。精神药品分为第一类精神药品和第二类精神药品。

所谓麻精药品滥用，是指非法滥用国家管制的多用于临床的麻精药品或其他处方药。非医疗目的大量滥用麻精药品，就是吸毒行为。

1. 认识几种常被滥用的麻精药品

◆含地芬诺酯复方制剂

地芬诺酯复方制剂，用于治疗急慢性功能性腹泻及慢性肠炎。含地芬诺酯复方制剂，是我国管制的第二类精神药品，是哌替啶的衍生物，可以代替阿片制剂。对人体肠道作用类似吗啡，对中枢神经系统具有抑制作用，服药后偶见嗜睡、抑郁、烦躁、腹胀及肠梗阻等，过量可导致呼吸抑制和昏迷。

◆依托咪酯

依托咪酯，一种静脉麻醉药，是我国管制的第二类精神药品。不法分子将其掺入烟丝、烟油中，或制成“烟粉”“烟油”添加进电子烟，进行销售。吸食含有依托咪酯的电子烟后，会使人出现流口水、手脚发抖、短暂失去意识等症状。滥用可成瘾，危害身心健康。

◆右美沙芬

右美沙芬，一种中枢镇咳药，是我国管制的第二类精神药品，具有成瘾性。滥用右美沙芬可导致头晕、头痛、胃肠道紊乱、呼吸抑制、心律失常，甚至死亡，或产生严重的精神、神经方面的毒副作用。

◆曲马多

曲马多，人工合成的类阿片药物，是我国管制的第二类精神药品。曲马多主要作用于人的中枢神经系统，用药过量会产生依赖，对人体的作用类似吗啡和海洛因，长期大剂量服用可致中枢神经兴奋、呼吸抑制，并可产生耐受性和成瘾性，以及其他不良反应。

2. 滥用麻精药品的特点

（1）非法且大剂量使用。麻精药品需要在医生的指导下使用，并严格控制使用剂量和频率，否则容易成瘾，产生危害。吸毒者往往非法大剂量滥用依托咪酯、右美沙芬、地芬诺酯、丙泊酚等麻精药品，极易成瘾，并产生身体和心理危害，乃至猝死。

（2）多为管制药品和处方药。吸毒者滥用的麻精药品多数是应用于临床的第二类精神药品，如艾司唑仑、曲马多，或者是一些非麻精药品的处方药，甚至还有滥用兽用麻精药品的，如兽用的安钠咖、巴比妥、地西泮及其制剂产品等。

（3）麻精药品来源多样，滥用地域化特征明显。被滥用的麻精药品有境外走私入境的，也有境内医疗机构流出的，还有个人加工制作的。滥用区域主要集中在华南、华东等经济发达地区。

（二）什么是新精神活性物质

新精神活性物质，又称“策划药”或“实验室毒品”，是不法分子为逃避打击而对管制毒品进行化学结构修改得到的毒品类似物，具有与管制毒品相似甚至更强的兴奋、致幻、麻醉等效果，已成为继天然毒品、合成毒品后全球流行的第三代毒品。

我们一般把毒品分为三代。第一代，是以吗啡、海洛因、可卡因等为代表的通过植物提取而获得的天然毒品。第二代，即以冰毒、摇头丸、麻古等为代表的化学合成毒品。第三代毒品即“新精神活性物质(NPS)”，如合成大麻素、卡西酮、芬太尼等，它首次出现在联合国《2013 年世界毒品报告》中。这份《报告》给新精神活性物质的定义是，没有被联合国国际公约管制，但存在滥用可能，并会对公众健康造成危害的单一物质或混合物质。这类物质为逃避管制，通过修改管制毒品的化学结构以得到毒品类似物，具有与管制毒品相比更强的兴奋、致幻、麻醉等效果，因此被称为“实验室毒品”或“策划药”。

1. 认识几种新精神活性物质

◆合成大麻素类

合成大麻素是一系列具有类似天然大麻素作用的人工合成物质。吸食合成大麻素能产生比天然大麻更为强烈的快感，这导致合成大麻素迅速蔓延，已成为新精神活性物质中涵盖物质种类最多、滥用也最为严重的一类。

该类制品多以香料、花瓣、烟草、电子烟油等形态出现，代表制品包括“小树枝”“香料”“香草烟”等。

一般认为它们的成瘾性和戒断症状类似天然大麻，长期吸食会导致心血管系统疾病以及精神错乱，同时也存在致癌的风险。

合成大麻素类

◆卡西酮类

卡西酮类曾作为药物用于抗抑郁和抗震颤麻痹，但最终由于成瘾和滥用的问题而停止药用。吸食卡西酮类物质能导致类似甲基苯丙胺的兴奋作用和类似麦角二乙胺（LSD）的致幻作用，同时还伴有心动过速、血压升高等反应。由于卡西酮类物质通过血脑屏障进入神经中枢的能力较弱，滥用者往往会加大用量并持续吸食以获得预期的兴奋感，从而导致更为严重的大脑损伤。目前滥用此类药物导致精神错乱、自残及暴力攻击他人的案例已有很多报道。

卡西酮类

卡西酮类物质已达上百种，常以“浴盐”“植物肥料”“除草剂”“研究性化学品”等名称伪装出售，多是粉末和片剂。

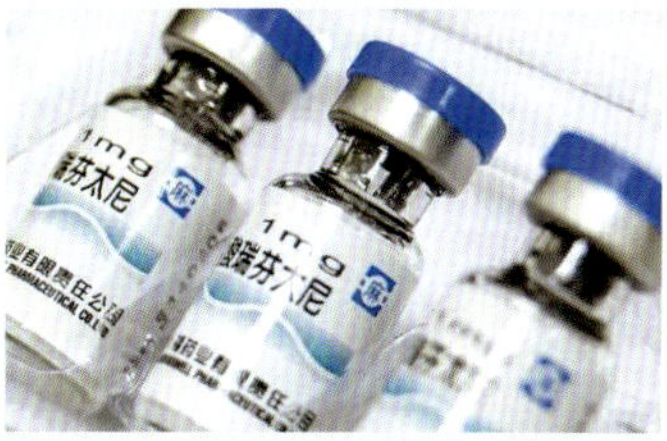

芬太尼类

◆芬太尼类

芬太尼药物被广泛用于临床医疗，作为麻醉剂用于外科手术，芬太尼属于强效的阿片类止痛剂，药理作用与吗啡类似。芬太尼类新精神活性物质均为芬太尼的衍生物，是“实验室毒品”。

吸食芬太尼类新精神活性物质副作用是瘙痒、恶心、呼吸抑制。由于此类物质药效较强，极少量地摄入即可对人体造成伤害甚至危及生命，滥用芬太尼类物质致死的案例已有很多报道。

◆苯乙胺类

苯乙胺类

在低剂量摄入后，主要产生类似吸食苯丙胺类药物的兴奋作用；在高剂量摄入后，则产生类似吸食麦角二乙胺（LSD）和麦斯卡林的强烈致幻作用。

该类物质具有致兴奋能力强、持续时间长的特点，一次大量使用会导致心动过速、血压上升、肝肾功能衰竭等急性中毒症状，甚至可以引发抽搐、脑中风致死。长期滥用则会导致多巴胺能神经元发生退行性病变，使滥用者精神错乱，出现妄想和抑郁等症状。

◆哌嗪类

哌嗪类新精神活性物质一般为苯基哌嗪或苄基哌嗪的衍生物，具有类似于甲基苯丙胺、亚甲二氧甲基苯丙胺等毒品的兴奋和致幻作用，且持续时间更长。

哌嗪类

该类毒品多呈片剂和粉末状，主要通过口服吸食。我国在片剂毒品中曾检出过哌嗪类新精神活性物质，其外形和标识与亚甲二氧甲基苯丙胺片剂十分类似。

◆色胺类

色胺类物质吸食后能使人体产生强烈的幻觉，是“0号胶囊”的主要成分，以胶囊、片剂、粉末、液体等多种形式呈现，以口服、鼻吸、抽食、注射等多种方式吸食。

◆植物类

植物类新精神活性物质主要包括恰特草（Khat）、卡痛叶（Kratom）、鼠尾草（Salvia divinorum）。

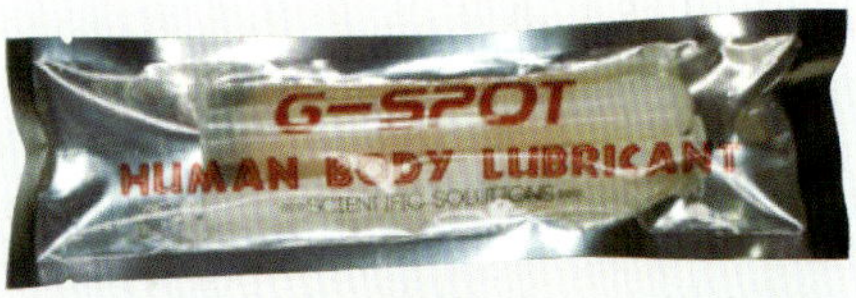

色胺类

植物类

各类新精神活性物质滥用的社会危害性都十分严重。尽管此类物质出现时间较短，成瘾性和长期生理损害有待深入研究，但其社会危害已日益凸显。由于该类物质具有强烈的兴奋和致幻作用，吸食后会引起偏执、焦虑、恐慌、被害妄想等反应，由此诱发的恶性暴力犯罪时有发生。例如，2012年美国迈阿密州“啃脸”事件，即一吸食卡西酮类物质人员所为。日本研究发现，滥用该类物质导致的暴力犯罪案件是管制毒品的7倍。同时，新精神活性物质种类繁多，效果也有显著差异。很多情况下滥用者并不知道自己购买的实际种类，难以把握用量，由于吸食过量导致急性中毒甚至死亡的案例也时有出现。

2. 新精神活性物质蔓延的趋势及特点

（1）种类繁多、变异迅猛

新精神活性物质 (NPS)，主要包括合成大麻素类、卡西酮类、苯乙胺类、哌嗪类、氯胺酮、芬太尼类、色胺类、植物类等多个类别。截至2024年，世界各国向联合国报告的新精神活性物质已超过1200种。

（2）个性定制、产销两旺

新精神活性物质基本都起源于国外，最初是国外医药公司、化学实验室研究出来作为新药使用的，后来发现该类物质滥用的弊端更大，便中止实验进程，但仍被犯罪分子仿制，用来制造新型毒品。不法分子采取订单式生产，经邮寄等渠道输出，并利用各国管制差异逃避打击。

（3）认知度低，受众广泛

目前，对新精神活性物质的准确认识尚在普及阶段，对于大多数人来讲，新精神活性物质是一种新奇事物；而易染毒重点群体却认为新精神活性物质较传统毒品相比毒瘾弱、危害小，更愿意通过新精神活性物质获得所谓“合法快感”“适度兴奋”。正是由于这种错误的认知，导致新精神活性物质滥用严重。

（4）网络贩卖、形式隐蔽

随着社会信息化程度地不断深入，许多即时通信工具被广泛运用，特别是即时通信工具逐步增添的“阅后即焚”“私密群组”等保密功能，使涉毒活动更加隐蔽。目前，购买者使用即时通信工具确定交易信息，再用网银或第三方支付平台付款，贩卖者采取伪装或夹带等方式，使用快递包裹运送毒品，已初步形成了“网络联系、银行转账、物流销售”的贩毒模式。由于新精神活性物质具有易溶、无色等物理特性，制贩者将它添加到许多常见物品当中，如加入巧克力、棒棒糖、果冻、烟卷、凉茶中，甚至还出现类似于邮票形式的“含片”，即将毒品溶解后喷涂在厚贴纸上，吸毒者将“含片”置于舌下含服。

（5）危害频现、影响恶劣

随着新精神活性物质流入我国，其滥用之后的社会危害性也逐渐显现。据《中国禁毒报》披露，新精神活性物质会在滥用者脑中形成奇幻景象，并

【小贴士】

·毒品知识回顾·

大家可登录中国禁毒展览馆网站（http://www.626china.com/），了解相关毒品知识和辨识各类毒品。

促使其在现实中做出极其异常的行为，甚至发生恶性伤人案件，可能酿成严重的危害后果。此外，由于新精神活性物质大多具有兴奋、致幻的作用，会使吸食者产生高度的性需求，近年来性传播疾病（含艾滋病）与新精神活性物质呈现出明显的正相关关系。

故事与反思

大部分时候，那些刚开始吸食毒品的人，并不知道是毒品，多是被引诱、欺骗，也不知道吸毒会产生怎样恶劣的后果，而当他们意识到的时候，已经上瘾，甚至无法自拔，一切都已经来不及了……

故事 1

一个青少年吸毒者的自述

我叫小朱，今年17岁。我在15岁的时候第一次吸食“四号”（海洛因）。

我和我的双胞胎哥哥大朱，从小由爷爷、奶奶抚养长大。我的爷爷今年68岁，奶奶今年67岁，他们一直照顾我和哥哥到高三。我的父亲，四十二三岁，具体的生日记不清，是个干建筑工程的领导，长期在外工作，对工作相当“奉献”，就是不回家；我的母亲，41岁，生日在7月，常年跟随父亲，也不回家，在日常生活中照顾他、陪他赚钱，还很爱打麻将；他们的关系比较好，没见过他们吵架。在我的记忆里，他俩除了给我们打生活费之外，没有对我们有太多的关心，我和他俩的关系都不好。

在吸食毒品之前，在学校里我上课听不懂，学习不好，成绩处于中下游，数学、化学和历史成绩不理想，和老师、同学的关系比较正常，偶尔因一些口角与同学打架。老师会偶尔体罚我，严重时会让我写保证书。相比之下，我的哥哥比较听话，成绩比较好，常上辅导班，也打电脑游戏，最后去了昆明的一个职业技术学校。由于我成绩一直不好，考不上大学，最后父亲花了点钱，让我和哥哥念了同一个职业技术学校。父亲比较偏爱哥哥，不过爷爷奶奶都爱我们。小时候，我和哥哥经常打架，上学的时候不太搭理他，因为父亲总让我好好向哥哥学习。但是现在我们的关系很好，每次周末探视时间，他都会来看我，和我说说话，问我怎么样，说说家里什么样。偶尔他的女朋友、我的两个发小和我的女朋友都会来看我。我的父母倒是很少来，他们只会在开放日的时候来看我。开放日是在中秋节、母亲节和春节这三个节日，我们可以和亲人团聚。去年春节时我们一家子人都来陪我过年了，包括我的爷爷和奶奶。

15岁时，我第一次接触毒品，吸的“四号”（海洛因）。当时念高二，没见过真的毒品，学校的毒品宣传教育也是走走过场，我是在学校踢足球的时候认识了同届其他班的同学李某，他是一个仗义、外向、性格耿直、比较爱打架的人。一个周末，我和李某去酒吧玩，偶然认识了李某在社会上的“朋友”——小周、小罗和小符，他们是三个吸毒者，年龄大约和我相仿。几天后，我和这三个社会上的“朋友”联系，想试试毒品。我们最后约在了一家小旅馆。他们用电话向毒贩购买了半克海洛因，货到了之后，我们一起出发，前往拿货地点，然后一起返回小旅馆。从两点多吸到七八点，吸一下，停一下，玩玩手机，吸吸烟。第一次用打火机烫吸“四号”，味道很苦，类似苦瓜、中药的苦味，感觉很不好，但吐了几次之后就好很多了。为什么明明味道不好吃，我还继续吃呢？因为我看到朋友们都在吃，我不吃，就㞞了，不好。我大概吸了二三十口，就昏睡过去，到了晚上九十点才醒来，之后继续吸，直到吸完。这期间，我的爷爷奶奶打过一次电话给我，问我在哪里？在做什么？我找了一个借口就糊弄过去了。当时想想，如果我悬崖勒马，就不会变成现在这样了，心里真的觉得很对不起家人，不应该这样做。但是当时处于叛逆期，谁的话都听不进去。

一两个月之后，放了暑假，我和这三个“朋友”一起坐班车去大理，我开始第二次吸毒。那时候管得不严，东西比较容易带上车。从那之后，我保持着大概每个星期吸两三次的频率，半年之后，大概是放寒假，某天晚上，睡前我感到自己浑身乏力、打哈欠、流眼泪，才发现自己好像上瘾了。当时也顾不了那么多了，想着先解决瘾劲儿再说。所以当时就用打火机和自己身上的海洛因过了一把瘾。当时也没想太多，“爽”完了，就差不多睡了。一克海洛因当时是卖四百，我一两天就要吸一次，所以开销比较大。这个时候，我的父母就起疑心了，问我为什么花钱这么厉害？我也是随口就搪塞过去。

之后，我的父亲找我的哥哥跟踪我、调查我，问我的朋友，当然了，我吸毒的事情在学校没人知道。我们是寄宿学校，我偶尔想吸了，就趁他们都睡了，出宿舍门，找一个僻静的地方，用打火机吸。放假回家之后，偶尔在家吸，因为打火机会出声音，所以就用火柴之类的。

有一次在家吸，被我哥撞见了。我哥告诉了家人，父亲打算把我送进强戒所，我和父亲为此发生了争吵，我一怒之下，拿烟灰缸把他的头砸流血了，他也用扫把、铁棒对我“下死手”。爷爷奶奶还是想把我关在家里，他们那么大的年纪还跑到外面问别人，怎么处理这样的事情。之后，就决定让我在家戒毒。我的奶奶问我，想吸的时候，身体有什么反应，我就回答，全身没力气，不想吃饭，睡不着，等等。两个星期过后，就这样忍着，被反锁在房间里，偶尔玩玩手机，之后就没有心瘾的反应了。大约关在家里两个多月，我口头保证再也不吸毒之后，他们才把我放出来。这个时候我也差不多要去昆明读职业技术学校了。因为在昆明，没有进入圈子，很难买到毒品，索性就没有吸了，学校里的人，除了我哥哥和现在的女朋友，其他人都不知道我吸过毒。但是，2018 年寒假，一回到家，原来那些“朋友”就喊我一起玩，自然而然就又开始吸了。第一次，我们去拿货的时候，还没有被抓，第二次再去拿的时候，就被那些便衣警察抓了，最后就被送到了昆明的未成年人戒毒所这里了。

对于未来的打算，我也不知道怎么办。我是真不想吸毒了，但只要我一回到家，一回到那个环境，那些所谓的“朋友”就会又联系起来，肯定还是会吸的……

以后可能还会继续读个书，待在昆明打份工吧。

故事 2

Kaylee 的故事

17 岁之前，Kaylee 是一个品学兼优的好学生，成绩名列前茅。她的梦想是考到一所好大学，拿到全额奖学金，成为一名海洋生物学家。然而这一切，在她 18 岁那年破灭了。

11 年级的时候，Kaylee 想要攒钱买一辆车，所以花费了很多时间在外面打工。这导致她没有足够的时间休息，甚至经常翘课，成绩也开始下滑了。

Kaylee希望休学一年，等做好准备之后再回到学校，这样她就更有把握申请到一所带奖学金的好大学。18岁的时候，Kaylee离开了学校，开始在外面全职打工赚钱，在这段时间里，她接触到了各种各样的人，也开始在社交场合里喝酒、抽大麻。

第一次接触毒品是Kaylee的朋友瞒着她，把掺了可卡因的大麻给Kaylee抽，她感受到了一种前所未有的兴奋感。清醒过来之后，Kaylee通过上网查询自己的反应，才知道是朋友搞的鬼。Kaylee发现自己很容易对酒精和大麻这类东西上瘾，于是她告诫自己，不要轻易触碰这些容易上瘾的东西。这次的经历让她感到十分的懊恼，为了避免日后再一次接触到毒品，Kaylee和那个朋友断绝了联系，并且换了一份兼职的工作。

后来，Kaylee和男朋友的关系开始恶化，她就一直靠喝酒和吸大麻麻醉自己，甚至服用一种名叫阿普唑仑的镇静剂来缓解情绪。几个月以后，Kaylee被诊断出患有双相情感障碍。这种情感障碍，让她在高兴的时候十分兴奋，而在沮丧的时候则更加低落。正是由于这样的情感障碍，导致Kaylee特别容易受到药品滥用和毒品的诱惑。再后来，Kaylee重新找了一份工作，但是由于好朋友的疏远和男朋友的离开，Kaylee感到无比的孤独和寂寞。这个时候，她又开始想念当初朋友递给她的那种掺杂了可卡因的大麻。Kaylee迫切地希望能够通过吸食毒品来再次获得那种内心的平静和快乐，于是在8月底的时候，她通过一个熟人，找到了冰毒。这种毒品让她在第一次吸食过后，兴奋了整整三天，经历了各种各样的幻想。从那以后，Kaylee一直想办法避免使用毒品和其他药物，但是她的情绪却变得越来越沮丧，以至于她最终完全向毒品屈服了。在那一段时间里，Kaylee每天都要服用一次或者两次的冰毒，就这样持续了整整三个月的时间。尽管在向毒品屈服的那段时间里Kaylee也有过挣扎，但是每一次她都没能战胜毒品的诱惑。

Kaylee的母亲与她进行谈话，并希望当地戒毒所能够带走Kaylee进行强制治疗。然而这一切还是太晚了，母亲没有来得及阻止一场悲剧的发生。就在母亲和Kaylee见面之后的第二天，Kaylee又从毒贩那里购买了一些冰毒。

尽管当天还有个朋友劝她少吸一点，但她还是服用了比平时多一倍的量。这一次 Kaylee 这种“嗨”的感觉持续了两天，她迷迷糊糊地走到了街上，在一家教堂门口，她出现了极其严重的幻觉……“没有时间了，我跪在地上，用我的食指、中指和拇指分别抓住了我的眼球，并且把它们从我的眼眶里拉扯了出来。”“因为当时毒品的作用，我并没有感觉到特别疼痛，我甚至不知道自己是不是在流血，我敢肯定的是，如果当时我的身边没有人出现的话，我还会把我的手指继续从眼眶里伸进去，把我的大脑也一起扯出来。”当路人冲过来，试图把 Kaylee 拉住的时候，她跪在地上，双手捧着自己的眼球，眼球上甚至还有一些藕断丝连在眼眶里的残余组织……

她失明了。当她醒来的时候，已经是两天之后了，Kaylee 知道自己已经是一个盲人了，不过她说，幸运的是她的妈妈还在她身边。“我醒来的时候，镇静剂和药物的痕迹仍然在我的体内，但我清楚地记得发生了什么事，我周围的一切都是黑暗的。”出院之后，Kaylee 加入当地的精神治疗机构，开始治疗自己的双相情感障碍，并且开始克服毒瘾。她说虽然毒品夺走了她的眼睛，但幸运的是，一切终于又回到了正确的轨道上。Kaylee 说自己还是想要回到学校，继续自己成为一名海洋生物学家的愿望，尽管她已经失明了，但是她仍然可以在水下感受压力和深度。

以上故事根据真实案例编写，Kaylee 用她最惨痛的经历告诉我们，吸食毒品造成的后果有多可怕。

读完 Kaylee 的故事，你认为在毒品面前，青少年所面临的挑战是什么？

思考与讨论

1. 我们一起用“三新”来总结一下新精神活性物质的特点，你觉得是哪“三新”？并根据“三新”展开讨论。

参考答案：种类新、名称新、伪装新

吸毒的原因可能有很多，有的人因为工作压力比较大，想靠毒品来缓解紧张的情绪；有的人因为生活清苦或感情不如意，去追求短暂的欢乐；有的人因为出于好奇，心想一两次不会上瘾，被一些“朋友”怂恿起哄就吸上了；还有的是因为家中有人吸毒，为了帮他戒毒想以身示范，但高估了自己的意志力，也低估了毒品的危害性；更有的人为了减肥、戒酒、治病而草率地走上了吸毒的道路。

瘾的机理

第二课 成瘾机理要知道

事实上，吸毒是一种非常复杂的现象，吸毒行为发生的背后隐藏着非常复杂的根源，它涉及医学、心理学、社会学、犯罪学等多个领域，仅用一个学科是无法解释的。吸毒一旦成瘾就难以戒掉，防止复吸更是难上难，这是目前全球都无法彻底解决的难题。

因此，最好的自我保护办法就是远离毒品。要想远离毒品，就得知道人为什么会吸毒？包括吸毒成瘾的生物学基础，神经递质中多巴胺的作用，以及社会学失范理论、压力理论、冲突理论、社会学习理论等。

一、多巴胺的秘密

导读

知识库

多巴胺（Dopamine）是下丘脑和脑垂体中的一种关键神经递质，能直接影响人的情绪，同时中枢神经系统中的多巴胺浓度又受精神因素的影响。瑞典科学家 Arvid Carlsson 确定多巴胺为脑内信息传递者的角色，使他获得了 2000 年诺贝尔医学奖。

多巴胺作为大脑中一种重要的神经递质，它参与生理和病理条件下人和哺乳动物的许多活动，尤其在运动调节、学习、记忆以及药物成瘾过程中起着关键作用。产生多巴胺的神经元（即多巴胺能神经元）对所释放的多巴胺采取了类似于“返回式卫星”的管理方式，即根据大脑活动需要释放多巴胺，同时又利用多巴胺转运体作为多巴胺的“回收泵”，将释放出去的多巴胺适时、适量地予以回收，这样既达到调节细胞外多巴胺浓度，适应生理活动

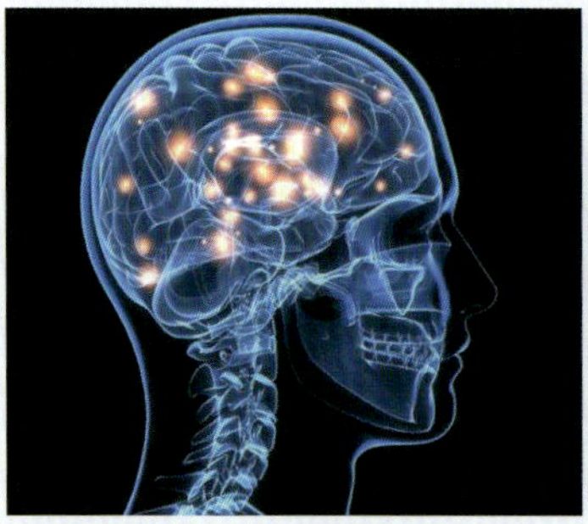

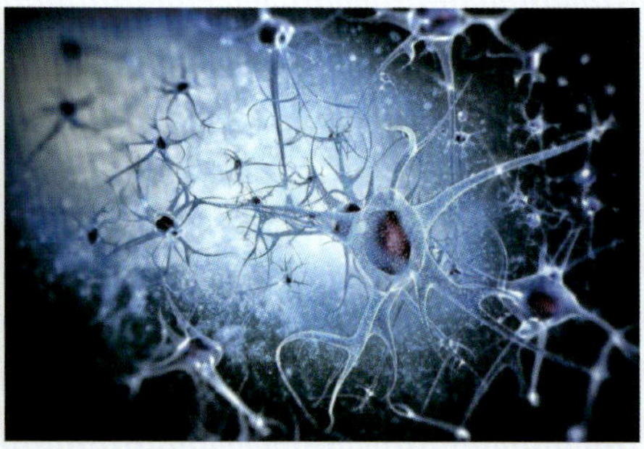

禁毒名言警句

人生有无数的第一次，但面对毒品绝不可以有第一次。

需要的目的，又能使多巴胺得到重复再利用，节能增效。一旦多巴胺“回收泵”系统发生功能障碍，就会发生多种中枢神经系统疾病，如药物成瘾等。

吸食海洛因一段时间后，吸毒者会感到越来越不敏感，需要剂量更大的海洛因才能达到渴望的效果。

请对此现象作出合理的推测

参考答案：多巴胺受体的敏感性降低（多巴胺受体被破坏，数目减少）或毒品的耐受性。

知识分享

吸毒是一种非常复杂的社会现象，吸毒行为发生的背后包含多种因素的作用，它涉及心理学、医学、社会学、犯罪学等多个领域，仅用一个学科是无法解释的。同时，吸毒的原因也涉及多个方面，既有个体的原因，也有外部的原因；既有主观的原因，也有客观的原因。

吸毒的成因可以从不同的角度进行分类，但总体上吸毒的原因分为两类：一类是社会成员初次吸毒的原因，可认为是吸毒的感染因素；另一类是吸毒者为什么继续吸毒，即吸毒成瘾的原因，也可认为是吸毒的维持因素。其中，染毒的原因是非常复杂的，主要是外部因素的影响和个体自身的盲目好奇或缺乏认知等；而在吸毒的维持因素中毒品的特性起主要作用，即毒品的依赖潜力和巨大的毒害作用。

（一）毒品的特征

1. 依赖性

依赖性分为生理依赖性和心理依赖性两个方面。生理（身体）依赖性是指由于反复连续吸毒使身体处于一种适应状态，一旦中断吸毒后，即可产生一系列强烈的躯体损害，出现生理功能紊乱的现象，需要继续吸毒来维持生理上的需求。心理（精神）依赖性是指由于吸毒使人产生一种虚幻的欣快感和舒适的内心体验，然而，这种体验是以巨大的身体损害为代价的，一旦停药，这种欣快感就会消失，为了重复享受和体验这种欣快感，吸毒者在精神上表现为对毒品强烈的渴求。不断使用同一类具有依赖性的毒品后，其效果会出现退化现象，身体对该毒品的反应迟钝、变弱，需要不断增加剂量才能获得与之前相同的效果，这就是毒品的耐受性。由于毒品的药物耐受性，使许多吸毒者都会逐步增大每一次吸毒剂量、缩短吸毒时间，甚至改吸食为静脉注射来对抗耐受性。依赖性是某种成瘾性药物成为毒品的基础性、前提性特征。

2. 危害性

某些成瘾性药物之所以成为毒品，在于它的毒害性。是否非法滥用、形成瘾癖是毒品区别于其他有依赖性药物的主要依据，滥用的结果即毒品的危害性。它表现为身体（生理）毒性、精神（心理）毒性和社会危害性三个方面。一是毒品具有生理毒性，从而危害人的身体；二是毒品具有心理毒性，从而损害人的精神；三是毒品带来严重社会问题，从而危害人类社会。危害性是毒品的后果特征。

3. 违法性

违法性是指凡违反有关禁毒法律规定，非医疗、科研目的生产、制造、运输、销售、使用麻醉药品和精神药品时，这些药品就属于毒品，这些行为就属于违法行为。最为主要的禁毒法律有联合国三大禁毒公约，《中华人民共和国禁毒法》等。违法性是毒品的法律属性和本质特征，被法律规定管制的成瘾性药物就是毒品。

（二）染毒的原因

对于一个吸毒者而言，其初次吸食毒品的原因并非是单一的，而是综合的、复杂的，是外部的条件和诱因与个体内部因素交互作用的结果。吸毒动机反映着吸毒者不健康的心理需求和倾向，吸毒行为的开始和持续就是为了满足这种不健康的心理需求。

初次吸毒是社会影响和个体因素、个体的社会经历及外部的情境因素互相作用的结果。具体可以分为以下两大方面：

一是吸毒者在吸毒之前对于毒品的危害并非一无所知。然而，其人格特征和外部因素的影响使他们无法放弃即时的、短暂的快乐或解脱，推卸对自身的责任和对社会的责任。

- 染毒原因
  - 个体原因
    - 吸毒者的人格缺陷
      - 缺乏自我控制和自我尊重
      - 情感自控能力弱、抗压能力
      - 缺乏责任观
      - 行为冲动
    - 吸毒者有偏差的人生观、价值观和生活方式
      - 享乐主义，追求物质和感官享受
      - 崇尚金钱至上
      - 法制观念淡薄
      - 追求刺激
      - 娱乐至上
    - 对其他成瘾性行为持容忍态度
      - 对吸烟、酗酒持轻率、放任、无所谓甚至主动追求的态度
    - 无知
      - 不知道毒品的危害
  - 外部原因
    - 毒品“黑市”的存在
      - 毒贩贩卖毒品及引诱
    - 社会环境的影响
      - 交际环境的不良影响
        - 同伴压力
      - 家庭环境的不良影响
        - 缺乏关爱、教育方式不当
      - 社区环境的不良影响
    - 社会管理缺陷
      - 涉毒问题的隐秘性，管理滞后
    - 毒品“亚文化”的影响
      - 对吸毒的错误、片面、畸形的观念

二是关于毒品的一系列“神话”假意夸张毒品的效力，以掩盖毒品的危害性，加之不法分子恶意营造毒品流行、时髦的假象，引诱、教唆、欺骗青少年吸毒，导致吸毒行为的扩散。

（三）吸毒成瘾机理

当人们想起美好欢愉情景，内心一定是快乐的，而这种快乐的感觉是由大脑通过一种叫“多巴胺”的物质主导的，因此医学上也把多巴胺叫作“快乐物质”。

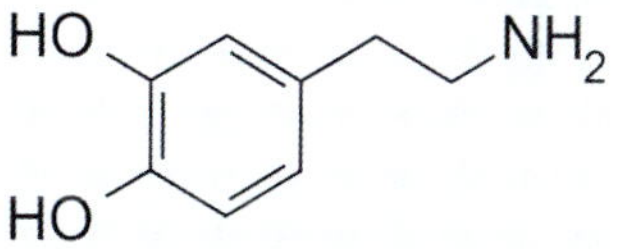

多巴胺的化学结构

人类为了更好地生存与繁衍，在不断地进化中，脑内形成了一种奖赏机制，在采取有利生存和繁衍的行动后，可以给予一种愉快舒适的感受（正性奖赏），促使人继续采取这种行动。如果遇到对生存和繁衍不利的情况，则给予痛苦和不舒适的感受，称为惩罚（负性奖赏）。这种机制的运行就与大脑中的多巴胺有关，多巴胺的多少决定了人的兴奋和欢愉程度，多巴胺分泌多，人们就能获得兴奋的感受。例如，生活中的一个拥抱、一句赞扬、好吃的食物等都能引起多巴胺的分泌，由此带来快乐的感受。如果遭遇不好的事情，如丢钱、考试不利、失恋等就会抑制多巴胺的分泌，导致低落的情绪。正常人体是通过这套机制来达到身体平衡的。

前面我们学习了吸毒成瘾的基本知识，知道了毒品为什么能让人成瘾，说到底就是过度追求短暂的“快乐”与不节制的放纵，最终导致人体机能的崩坏。初始吸毒，往往是由于个人价值观扭曲和外部因素等原因造成。然而，一旦成瘾后，不仅脑的功能发生改变，结构上也会在一定时期内产生变化，导致脑的高级神经活动障碍，成为反复发作性顽症。成瘾后，吸毒人员的行为完全受毒品的支配，甚至彻底丧失理智。

人为什么会感到快乐？

在你的生活中，有很多情境可以给你带来非常愉悦的感受。

- 如果你爱吃巧克力，它那丝丝滑滑甜蜜的感觉一定使你倍感舒服
- 如果你热爱运动，那打篮球或羽毛球可能让你不知疲倦
- 如果你考试得了 100 分，成功的喜悦可能让你无比兴奋
- 如果你是一名网游爱好者，那游戏可能让你乐不思蜀

……

思考

究竟什么能让我们真正快乐？怎样才能获得这些快乐？

二、成瘾是脑疾病

毒品对大脑的作用远远强于生活中的情绪因素，当毒品进入人体后，大脑中的多巴胺就会大量分泌，分泌的量及持续的时间会远远大于正常情况，这也让吸毒者体验到了平时难以体验的强烈快感，而这种快感的代价是毒品侵蚀身体，看似达到了某种平衡，实则是一种病态。长此以往，会导致吸毒者自身正常的多巴胺调节机制遭到破坏，使得日常生活中能引发多巴胺分泌的因素不能再发挥作用，加上毒品耐受性的作用，吸毒者需要越来越多的毒品才能满足“快乐”的需求。一旦中断吸毒，吸毒者的“快乐”体验平衡就会顷刻崩溃，失去常人所拥有的快乐能力，并会在 8 至 14 小时后出现再吸毒的渴望，36 至 38 小时后各种身体戒断症状就会凸显，痛不欲生，促使吸毒者不顾一切地去寻找毒品，杀人放火也无所畏惧。吸毒者生活的动力已经由毒品所主宰，现实生活的一切都很难再让他有足够的动力，吸毒者也由此丧失了正常生活中获取快乐的能力。因此，毒品带来的是瞬间的快感，但毁掉的却是真正的快乐与幸福。

导 读

许多人仍然认为，只有化学品会导致上瘾。然而，研究成瘾对大脑的影响的神经科学家并不是这样看。了解成瘾的专家在不同领域的许多方面定义“瘾”。以下是成瘾的一个简单的模型，它包括四个 C：

强迫（compulsion）使用

尽管知道继续（continue）使用的不良后果

无法控制（control）使用

心理或生理上渴求（craving）

成瘾可伴随身体依赖和戒断症状，美国成瘾医学协会在几十年研究的基础上强调了这个简单的概念：观察到与成瘾相关的症状、体征和行为，显示相关大脑的变化已经发生。

了解了关于成瘾的这个简单模型，思考身边的成瘾现象，如烟草、酒精成瘾。

知识分享

熟悉毒品的特征、成瘾机制和吸毒原因，选取一个相关的内容，并以吸毒者为中心绘制思维导图。

年轻人开始吸毒时，往往出于好奇、模仿、解闷、追求享乐等原因，一旦成瘾，他们的行为将完全受毒品支配，甚至彻底丧失理智。现代医学研究证明这是因为吸毒者吸毒成瘾后，其脑的功能会发生诸如受体亲和力、递质释放、氨基酸代谢等毒品依赖性变化，并且脑的结构也会发生病理性改变，如受体构象、递质耗竭等。

因此，我们说吸毒是不良行为，而成瘾则是脑的高级神经活动障碍，且为反复发作性顽症。国际医学界把吸毒成瘾列入脑疾病，并制定了相应的诊断标准。1987 年联合国通过的《控制麻醉品滥用今后活动的综合性多学科纲要》，也把吸毒成瘾界定为是一种反复发作的脑部疾病。

（一）什么是成瘾行为

成瘾行为一般分为物质成瘾和非物质成瘾，物质成瘾包含香烟成瘾、酒精成瘾、毒品成瘾等，非物质成瘾包含赌博成瘾、网络成瘾、手机成瘾、性成瘾等。吸毒成瘾，是指吸毒人员因反复使用毒品而导致的慢性复发性脑疾病，表现为不顾不良后果、强迫性寻求及使用毒品的行为，常伴有不同程度的个人健康及社会功能损害。

青少年时期是偶像崇拜与模仿的一个高峰时期，如明星的穿着打扮、发型头饰、歌曲作品、经典台词、动作等，无一不是他们关注和模仿的对象。近年来娱乐圈明星吸毒现象时有发生，给青少年传播着一种不良“亚文化”，让青少年错误地认为吸毒是一种时尚的体验，是身份地位和财富的象征，更是一种酷的、与众不同的高端娱乐方式。有研究指出，由于药物使用的便利性不同，其进入到某种特定阶段是普遍存在的规律，而且这些阶段之间存在一个不变的顺序。例如，一个人在青少年时期使用酒精或者烟草等成瘾性物质，会促使其发展到大麻以及后期更严重的药物滥用，而那些从没有使用过酒精和烟草的人很少会开始使用大麻，从未使用过大麻的人很少会滥用危害更严重的成瘾性物质（如可卡因、海洛因）。这也就是成瘾行为的门户理论，抽烟、酗酒就是青少年成瘾行为的门户，这个门户一旦打开，各种成瘾行为便接踵而来。

成瘾行为具体到每一个青少年身上则变成了一个心理健康的问题。如前所述，青少年之所以是新型化学合成毒品的易感群体，与其在这一时期的心理社会危机是紧密相连的。如果青少年存在自身无法排解的种种心理问题，又缺乏必要的社会支持，就会在孤独无援的情况下容易结成不良的团伙，要么就集体上网打网络游戏、看不良视频，这也是近几年青少年网络成瘾愈演愈烈的一个主要原因；要么就是出入酒吧、迪厅各种娱乐场所，放浪形骸、寻求刺激，最终接触到新型化学合成毒品并沉迷其中无法自拔。

（二）吸毒成瘾之谜

吸毒成瘾者在吸毒之前几乎都有因受到挫折或压力过大而产生的内向、紧张、不安、焦虑、抑郁等精神病学症状，且他们有比正常人更强烈的自我需要。为了摆脱精神上的空虚和痛苦，获得精神上的自我慰藉，他们选择吸食毒品来满足自己需要的刺激或安慰，而毒品只能一时性地满足他们的这种需要。在经历过一次吸毒的欣快感之后，他们的紧张和焦虑不安之感短暂消失，孰不知更为严重的紧张、焦虑则随着毒品的使用变得更为强烈。为了摆脱新的、更为强烈的紧张和焦虑不安，他们又渴求再次使用毒品。这种渴求是一种极为紧张的、烦躁不安的感觉，并周而复始地恶性循环下去，随着这种渴求的强度不断加大，吸毒者也随之感到全身有无法忍受的疼痛和不适，即称之为成瘾。

（三）吸毒是一种复杂的慢性复发性脑疾病

“吸毒”一词本身带有道德评判和歧视色彩，人们认为吸毒是一种不良行为，是道德败坏、意志力薄弱的表现。随着现代科学的发展，对药物依赖

（吸毒）的生理、精神机理和发病机制的研究不断深入，医学界对吸毒行为的疾病观念已达成共识，认为虽然最初吸毒是个人自愿选择的行为，但是，一旦成瘾就会发展成一种慢性复发性脑疾病。同许多其他慢性疾病，如高血压、精神分裂症、抑郁症等一样，药物依赖的病因和发病机制十分复杂，是社会、心理和生物学因素共同作用的结果。虽然社会环境、家庭背景、生活方式、心理因素和人格特征在这些疾病的发生中起着重要作用，但生物学因素，如遗传、神经递质、神经核团、神经内分泌等在药物依赖（吸毒）中的作用同样不可或缺。

关于吸毒是一种慢性复发性脑疾病的依据难以全部列举，概括如下：

①吸毒同其他任何疾病一样，有自身的发生、发展规律。凡是药物依赖者（吸毒者），不管其文化、种族和社会经济的背景有多大的差异，都会出现相似的症状、临床表现和发展转归。

②与其他脑疾病一样，生物学因素（如遗传、生化、神经递质等）在药物依赖中起重要作用，如遗传因素与药物依赖易感性有关，大脑的特定部位（犒赏中枢）及多种神经递质系统与药物的药理作用、耐受性、躯体戒断反应、心理渴求等密切相关。

③毒品的欣快作用可以解释最初使用毒品的动因，却难以解释吸毒成瘾后，在已无欣快作用，甚至会感觉不舒服的情况下，吸毒者仍强制性使用毒品的行为，这是因为成瘾是毒品的长期作用导致了多巴胺等神经递质系统和奖赏通路的病理改变所致，脑成像研究证实了这一点。

④吸毒容易合并其他各种身体和精神疾病，如各种内脏疾病，肝炎、艾滋病、结核等各种传染病在吸毒者中很常见，有调查发现 80% 以上海洛因依

赖者伴有丙肝，在我国艾滋病病毒感染者中，吸毒者是一个重要群体。吸毒群体患精神疾病包括人格障碍、焦虑、抑郁、恐怖症，以及各种重性精神疾病的概率也很高，研究发现，海洛因依赖者中存在人格障碍者高达 86%、抑郁症占 23.6%。

⑤在长时间停止吸毒后，吸毒者仍有身体不适和精神不适症状，即稽延性戒断症状，与长期吸毒导致的大脑病理学改变有关。

⑥心理渴求有着复杂的生物学基础，戒毒者的心理渴求是客观存在的症状，非戒毒者主观意志所能控制，如同精神分裂症患者不能控制自己的幻觉、妄想等症状一样。

思考与讨论

了解了关于成瘾的一些知识，思考如何从根本上预防青少年成瘾行为？

三、戒毒回归困难

导读

18年的“毒龄”，8次强制戒毒，戒断期最长两年半，最短不足两个月，平均间隔不到半年的时间又复吸，这是付某的戒毒档案。一次次戒掉毒瘾后又一次次重蹈覆辙，42岁的他不仅为此付出了自由和亲情的代价，身体也百孔千疮。2006年初，当第7次被送去强制戒毒时，他被查出感染了艾滋病病毒。“想也想过，怕也怕过，现在一切都晚了。”付某坦言，讲出这段经历只希望能给人一些警示。

戒毒一复吸一再戒毒，自沾上“第一口”毒品后，吸毒者就像掉进了万劫不复的深渊，一次次挣扎逃离，一次次又被毒品诱惑推进更深的泥潭。每次戒毒失败的经历使他们对戒毒失去信心，同时也陷入无尽的恐惧之中。

思考

为什么有些人强制戒毒好几次还是复吸？戒毒真的那么难吗？

知识分享

（一）戒毒戒的究竟是什么

戒毒，戒的不就是人对毒品的依赖吗？不就是毒瘾吗？可以这么说，但还不太到位。从深层次来看，成瘾是功能性的，吸毒者吸毒是为了应付身边的情境。与其说吸毒成瘾者面对的是毒品问题，不如说是面对一个用吸毒作为解决方法的问题。吸毒成瘾者要戒的是当面临家庭关系不和睦、工作有压力、情绪低落、追求时尚快感、被吸毒“朋友”诱惑等情境时，如何正确有效地应对，而不至于通过用毒品来排遣忧愁、发泄愤懑、解除烦恼、追求刺激。

一句简单不过的“借酒消愁愁更愁”，就把酒瘾给说透了。毒瘾和酒瘾都是瘾，在本质上都是一样的，那就是强迫性重复使用成瘾性物质。戒毒就是当吸毒成瘾者因为种种原因而犯愁的时候，能够不听从大脑中用“毒”的想法，不通过或不借助毒品来渡过难关、走出危机。戒毒要成功就得把“心瘾”这个问题彻底、干净地解决。

总之，戒毒要解决的是吸毒成瘾者在今后的工作、学习、生活中，怎样提升和掌握处理家庭问题、生活问题、社会问题的能力和技巧，只有在能够妥善应对这些问题之后，才不会再想着用毒品去麻醉自己，久而久之，对毒品的依赖就会自然而然地降低，直至慢慢消失。戒毒最重要和最关键的因素是“心瘾”的戒除和生活技能的提高。

（二）戒毒的阶段

一个吸毒者从吸毒到开始戒毒、再到成功戒毒的过程中，大体上会经历以下几个阶段：

①懵懂阶段——没有认识到吸毒的危害，否认成瘾的存在，认为这只是一个不大好的习惯，根本没有想过戒毒，拒绝去戒毒。

②沉思阶段——在要不要戒毒这个问题上左右摇摆，清楚吸毒已经影响到自己和他人，出现了戒毒的想法，伴随着自我怀疑，开始考虑降低使用量或者使用频率，但还是没有准备好为戒毒做任何事情。事实上，如果可以避免的话，沉思阶段的吸毒通常不想改变，而只是在权衡正反面的影响。

③下决心阶段——毒品对自己造成的严重危害促使其迈出了戒毒的一小步，并开始不断地寻找戒毒的方法，也基本开始了初步的实施。

④行动阶段——用行动来戒毒，确实降低了毒品使用量，或者完全放弃了使用毒品，愿意接受外界的帮助，自己也会主动去寻求相关帮助。

⑤维持阶段——已经取得较大进步，保持着努力戒毒的状态，避免诱惑及复吸，能够意识到努力戒毒是有价值和有意义的。这个阶段的坚持是十分重要的，如果维持得不成功，那么，吸毒者就会复吸，并且会放弃戒毒而返回到懵懂阶段，甚至全面复吸。

⑥成功阶段——经过持续的努力，长期保持操守，回归正常的社会圈子，开始过上了真正的无毒生活，拥有了新的生活理念和健康的生活方式。

（三）戒毒失败的原因

1. 错误的戒毒方法

很多人认为，戒除毒瘾就是一场与意志力抗争的战斗，所以选择在家治疗，靠自己的意志力进行戒毒。虽然的确有靠意志力戒毒成功的案例，但个别特殊案例并不能说明什么。例如，感冒后，不吃药可能也会自愈，但是大多人如果不注意，感冒可能会渐渐加重，甚至引发更大的危险。所以一定要采用科学的戒毒方式。

2. 家庭以及社会影响

吸毒者往往伴有家庭破裂、事业失败、受他人歧视等问题，吸毒者会出现心烦、悲观，甚至绝望等极端情绪，从而出现复吸现象。

家庭的接纳、鼓励与支持，可以帮助戒毒者转移注意力，远离毒品，回

归健康生活。社会的排斥、歧视等会让戒毒者“以烂为烂”而复吸，所以社会的帮扶和包容等对戒毒者是很重要的。

3. 生理因素

即使经过系统的脱毒治疗后，许多生理方面遗留的稽留症状还长期存在，如全身疼痛、顽固性失眠等。

这些症状出现时，戒毒者往往想到的就是毒品，对毒品产生强烈的心理渴求。如果此时缺乏正确的指导和帮助，或意志不够坚定，在毒品的诱惑下，许多戒毒者会重新吸毒。

4. “毒友”的影响

吸毒者们往往会聚集在一起，形成固定的圈子，即“毒友圈”，在这个圈子里毒品就是交际工具。

戒毒者离开戒毒机构回归社会后，并不等于脱离“毒友圈”，“毒友”和毒贩子会诱惑他，让他无法脱离“毒友圈”。此外，家庭的不接纳和社会的排斥也会让他主动回归“毒友圈”。

5. 生活压力的影响

毒品可以使家财万贯的家庭变得一贫如洗。长期吸毒使吸毒者意志消

沉、智力下降，丧失原有的工作能力和对生活的热情，戒毒后短期内很多社会功能难以迅速恢复，生活的压力加大。生活压力会让戒毒者想要再次通过使用毒品逃避现实问题，随之复吸，甚至有些人还会因此走上犯罪之路。

（四）目前我国的几种戒毒方法

1. 自愿戒毒

这是最常见，也是吸毒者和家属最乐意接受的一种戒毒方法。吸毒对于个人和家庭来说，总不是一个好名声，因此当吸毒者提出在家戒毒或者去医疗机构戒毒时，家属会很乐意支持。这种戒毒方式对于吸毒成瘾不深，且主动戒毒愿望较强的人来说，有一定的作用。戒毒医疗机构通过系统化、专业性的医疗手段和心理干预治疗方式，包括排毒、脱毒、心理治疗和身心康复等帮助戒毒者脱离对毒品的依赖。

2. 社区戒毒

社区戒毒是指县级以上公安机关责令吸毒成瘾人员接受为期三年，由户籍所在地或现居住地乡（镇）人民政府、城市街道办事处执行，社区戒毒工作小组具体负责实施的戒毒康复、帮扶救助、教育和管理，以戒除毒瘾的一项戒毒措施。这一措施具有强制性，但不得限制戒毒人员的人身自由，对出现戒断症状的人员可以采取临时保护的约束性措施。当然，如若吸毒人员出现戒断症状时有违法犯罪行为，任何人都可以及时报警，或采取制服措施，并扭送公安机关。

3. 强制隔离戒毒

强制隔离戒毒是由县级以上人民政府公安机关对于吸毒成瘾严重，通过社区戒毒难以戒除毒瘾的人员采取的一种行政强制措施，是一种必须进入强制隔离戒毒所戒毒、限制人身自由的戒毒措施，带有强制性。强制隔离戒毒所是由政府设立，公安机关、司法行政部门主管的监管场所。戒毒期限为两年，经诊断评估可以提前一年，也可延长一年。主要采取强制性的生理脱毒、心理康复、技能培训等方法，促进戒毒者实现社会功能的恢复，帮助其最终回归社会的一种戒毒措施。

4. 社区康复

社区康复是指原决定强制隔离戒毒的公安机关，对于解除强制隔离戒毒人员，责令其接受不超过三年的戒毒康复措施。它是由原决定强制隔离戒毒的县级以上公安机关决定，乡（镇）人民政府、城市街道办事处执行，社区康复工作小组具体开展的，对吸毒成瘾严重人员的戒毒康复、帮扶救助、教育和管理的一项行政强制措施。

知识拓展

毒瘾、心瘾与体瘾

毒瘾是指吸毒人员对于毒品的异常依赖，是一种慢性复发性脑疾病，分为体瘾和心瘾，一旦中断吸食毒品就会出现不适。

心瘾是一种对于毒品的心理渴求，多数表现在心理（精神）问题上，心瘾发作能够使患者发生人格分裂，导致情绪狂躁、行为过激，吸食合成毒品的患者心瘾则更剧烈。

体瘾多数表现为躯体症状，吸食传统毒品的吸毒患者表现更加强烈，出现失眠、打哈欠、流鼻涕、全身无力等戒断症状。

人们常说，体瘾易戒，心瘾难戒。以传统毒品海洛因为例，其戒断症状主要就是身体疼痛。通常在停止吸食后的七个小时后出现（发作）。如果把毒瘾定义为简单的生理依赖，这种依赖是比较容易戒掉的，通过专业的戒毒治疗和康复训练，能够达到安全有效的脱毒效果。治疗体瘾主要就是排毒和治疗身体疾病，将因吸毒所致的病态身体修复。

而心瘾更多的是心理方面的依赖，心理依赖没有那么容易被戒断。心瘾的形成本身就是一个比较缓慢的过程，因为毒品损伤了人的大脑，改变了人正常的思维习惯，人的行为也随之发生改变，所以要治疗心瘾需要较长的时间。但很遗憾的是，心瘾往往被吸毒者忽视，因为躯体成瘾表现得比心瘾更加显著，生理上的病痛感受更为直接。

戒毒专家说："对于是心瘾犯了还是体瘾犯了，我们千万不能够模糊，因为二者有很本质的区别。"戒毒治疗中对于体瘾和心瘾发作症状的治疗方法和用药都是不一样的，要辨证施治。在不同的治疗阶段应调整相应的治疗方案，根据吸毒者吸食毒品的不同要区别用药，即使是吸食同一种毒品，不同的人也不一定会施用同种药物和治疗方式，因为个人体质是有差异的，一定要进行专业的检查后对症治疗。

不论是体瘾还是心瘾，都非常折磨人，对于吸毒者来说要戒断都不容易，体瘾对身体的伤害非常严重，会让吸毒者的身体器官、大脑神经等都受到损害，可能危及生命。对于心瘾严重的患者，最好接受专业医疗机构的心理治疗，这样才可以对一些心理方面可能出现的问题进行及时的预防。我们看到很多案例都是因为吸毒后的心理问题、精神问题愈演愈烈而导致家庭悲剧的发生，最终留下的只有吸毒者的悔恨和家人的悲伤。

思考与讨论

故事

Brian 和 Noceda

这是一起发生于2018年2月的案件，Noceda是本案的受害者，一名18岁的高中女生，Brian是本案的犯罪者，20岁，他们都来自美国华盛顿州。

Brian是个问题男孩，生活中充满毒品、打架……各种乱七八糟的事情。在案发前两个月他的妈妈把他赶出了家门，被赶走之后，Brian住到了一辆拖车里。某天晚上，受害者Noceda来到他的拖车参加派对，并计划要在这里过夜，整个晚上她都跟Brian待在一起。

没想到，那个晚上，成了Noceda人生的最后一晚……

据Brian交代，那天，Noceda带了些药片，碾碎了在他房间里用鼻子吸食。然后，他装了点高浓度的THC（四氢大麻酚）给她，Noceda两种毒品一起用，一分钟不到就突然倒下。见惯“大场面”的Brian知道这是因为女生过量吸食了毒品，于是，他在网上搜索：“如果有人吸食毒品过量该怎么办？”搜索结果显示：“赶紧报警叫急救”，但他没有。

他不但没有报警，还趁女生失去意识，赶紧拍了几张她的半裸照发给群里的“兄弟们”，“哈哈，我感觉她毒品过量了，不过还有呼吸”，他在群里这样写道。群里有人问他要视频版，也有人似乎意识到了危险：“她看起来好像死了。”“哥们儿，你是不是把她弄死了。”然而，Brian依然没什么反应，他开始强奸昏迷不醒的女生，当作消磨当晚时间的“乐趣”，后来被发现后他还告诉警察，他们俩的性关系是在双方都同意的基础上发生的。不过，他承认，女生当时确实“不在状态”，说到这里，他把头斜到一边，把眼珠子往后翻模仿当时女生的样子。强奸完女生，他又打了会儿游戏，然后就去睡觉了。

第二天醒来，他发现女生的嘴唇蓝了，鼻子流血，嘴巴里有泡沫，身体僵硬发冷。他意识到出事了，马上叫来一个朋友和一个室友，朋友摸了摸女生的脉搏，发现她的脉搏已经不跳了。室友向警察表示，他当时就让Brian报警，但Brian居然还是不报警。他淡定地穿好衣服，把女生的尸体留在自己床上，锁好门，上班去了。当天在店里上班时，Brian不仅不慌，还骄傲地把昨晚发生的事情炫耀给自己的同事。

那天下午他发信息给朋友们说：“哥们儿，我可能要去墨西哥了。”当天晚上，他从母亲家拿来一个塑料筐，回到住所后，他清洗了女生的尸体，试图消除自己的DNA。

事发后第三天的凌晨，他把女生的尸体装进塑料筐，然后扔了一张床单在上面，就去睡觉了。他计划之后要把女生的尸体和洋葱埋在一起，以遮盖尸体的腐臭。为了制造女生自己离家出走的假象，他还用她的指纹打开了她的手机，然后登录她的社交软件发了一句：“我走了，再见。”这一切都让女生的家人无比担心，他们焦急地在网上发布寻人启事，而这份寻人启事刚好被 Brian 的同事看到了。同事发现，寻人启事上的女生，跟 Brian 发的昏迷不醒的女生竟然是同一个人，出于良知，同事偷偷报了警。警方根据线索很快就找到了 Brian 的住所，当时，尸体还在他的住所，也没什么可抵赖的。

故事中的两名年轻人，一名是犯罪者，一名是受害者，但是他们不都是毒品的受害者吗？

请大家结合毒品危害，谈一谈毒品给他们个人、家庭带来了什么危害，给社会又带来了什么影响？

当前，在吸毒者中，青少年所占的比例很大，开始接触毒品的年龄越来越小，其原因大多数是受人引诱、教唆、欺骗或者出于好奇而模仿，他们本身并不知道毒品对其自身会产生多大的危害。

不少青少年对毒品的认识大多来自网络、电影、电视或文学作品，以及新闻报道的描述，有些人可能觉得新鲜、刺激、时髦。对于毒品究竟是

第三课 面对诱惑会拒绝

什么，一旦吸食成瘾会产生什么样的后果，他们并不清楚。

青少年应该树立正确的人生观，保持健康积极的生活态度，不仅要了解毒品知识及其危害，增强自我保护意识，还要学会必要的生活技能，掌握拒绝毒品的技巧。

策划药的迷局

一、吸毒谎言能识别

为了诱惑更多的青少年尝试毒品，毒贩们会不断地编造出关于毒品的谎言，青少年朋友们只有不断地更新禁毒知识，提高自我保护意识，掌握拒毒技能，才能识破不断出现的毒品谎言，重视毒品带来的危害的同时，更不能轻视毒品无孔不入的“狡猾心思”。学习知识、小心防范，用科学的态度去防毒拒毒，才能真正做到有备无患。

导 读

几年前，我患上了痛风、高血压等毛病，需要长期服药治疗，发病时很痛苦。一次在酒桌上，好友李某称，冰毒能治好我的痛风，而且效果很好。很快，我就染上了毒瘾，在毒品的麻醉下，经常自我感觉精神很好，也不觉得病症痛苦了。后经医生诊断，我因为擅自停药，尿酸值已经上升到非常高的数值。

——蒋某，男，私营老板

我是一名民谣歌手，听圈里人说吸食大麻能给创作带来灵感。因为我要寻找灵感写歌词，2014年的时候，我就试了一下，没想到后来欲罢不能，但实际上，使用大麻一段时间后，大脑会出现幻觉。后来才知道毒品会刺激人的中枢神经，所谓灵感，其实是病态的反映。

——宋某，男，民谣歌手

禁毒名言警句

美丽的人生当然会有种种诱惑，毒品是最为致命的诱惑。请把握自己的人生旅途，不要迷失方向，才能健康成长。

有一次我承包了一个拆迁的活计。那段时间压力大，睡不着觉。一次饭局上，有人就拿出一小包毒品，说只要我吸一口就能睡个好觉。我吸完一口后，那天晚上特别放松。可我没意识到，那根本不是什么休息好，而是毒品对身体的麻痹。

——莎莎，女，建材商人

因为肥胖，我相亲 5 次都失败了。一次偶然的机会，看到吸毒者都瘦骨嶙峋，以为吸毒能减肥，我幼稚地认为只要意志力坚强，就不会上瘾。为了更快达到减肥的目的，我逐渐加大剂量，吸食后，整天整夜都睡不着觉，精神恍惚，吃不下饭，就窝在酒吧、宾馆里玩游戏。

——张某，女，90 后

我是 20 世纪 80 年代的第一批大学生，毕业后，因为个人原因，我一直没有找到合适的工作，因经受不住失败与挫折，一度意志消沉。为了逃避现实，我沾染上了毒品，整天靠吸毒麻痹自己，沉浸在吸毒后的幻觉中。由于长期吸毒，吸到最后对脑部神经造成了不可逆的损伤，患上了精神障碍类疾病。

——周某，男，无业

我当时和几个朋友在酒吧里玩儿，在场的一个叫“婷婷”的女生毒瘾发作了，拿出特制香烟来抽，我当时借着酒劲，为了在朋友面前卖弄我的自制力与众不同，就吸了一根。结果没想到自己也染上了毒瘾，真的戒不掉了！

——代某，女，某银行白领

从这些自白中，你能得出什么结论？

知识分享

让我们一起来破解毒品谎言！

谎言一

“毒品吸一两次不会上瘾” “偶尔吸毒不会上瘾，别人吸毒会上瘾但自己不会”

你的看法

真相

“一朝吸毒，终身想毒”。长期以来，很多人错误地以为，只有海洛因、鸦片是毒品，摇头丸、冰毒并不是毒品，而是一种“娱乐性”食物，吃了以后没有多大危害，身体没有依赖，不会成瘾。有的人认为即使有瘾也不过像吸烟一样，虽然有害，不还是那么多人在吸吗？想“High”就得吸，“High”够了就不吸了。其实，这种错误认识是非常危险的。毒品带来的欣快感及人性的逆反心理，让尝试者有了第一次，就会有第二次、第三次，只是吸毒成瘾的时间长短存在个体差异罢了。青少年朋友千万不要以自身幸福为代价，切莫尝第一口！

谎言二

“免费品尝，试试无妨”

你的看法

真相

大多数的吸毒者初次吸食毒品，都是遭受了毒贩、其他吸毒人员或者“身边最相信、最亲近人”的引诱、教唆和欺骗。相关研究表明，初次吸食毒品的来源约 90% 都是“朋友”免费提供。此后，毒贩们再高价出售毒品给上瘾的人，这时的上瘾者已经根本没有拒绝的能力了。

谎言三

“吸毒可以治病”

你的看法

真相

毒贩们利用人们对毒品的无知和对疾病的恐惧，诱骗人们吸毒。但实际情况是吸毒会严重危害人的身心健康，损害人的大脑，影响血液循环和呼吸、消化系统功能，还会降低生殖和免疫能力，甚至导致死亡。身体有疾病一定要去医院就诊，服药务必遵医嘱，不可仅凭说明书或经验服药。

谎言四

“吸毒很时尚，明星也吸毒”

你的看法

真相

青少年处于情感发展的关键时期，偶像崇拜是青少年成长过程中的一种正常现象，但有的青少年盲目追星，看到明星吸毒，错误地认为这是时尚。

冰毒、麻古、“K 粉”、摇头丸等“俱乐部毒品”，因为会产生兴奋和致幻作用，在某些娱乐场所以“时尚休闲”的名义悄然蔓延。“嗨药”成了一些人追逐的另类“新鲜”生活方式，甚至把吸食新型合成毒品当作缓解压力的手段。然而，因吸食“K 粉”、麻古等新型合成毒品导致精神障碍的患者越来越多，其危害性已是一个不争的事实。

谎言五

“吸毒乃减肥神器”

你的看法

真相

毒贩经常向青少年吹嘘苯丙胺类等新型合成毒品的“好处”，利用女孩子的爱美之心，编造“减肥神器”的谎言，引诱青少年吸毒。其实，吸毒人员体态消瘦是一种病态，因为吸毒成瘾后，人体的各种器官功能都受到损害，导致疾病缠身，所以面黄肌瘦、骨瘦如柴，甚至会衰竭而亡。实际情况是，吸毒不仅不能减肥，还会损害面容和身体，摧残人们的意志。

谎言六

“吸毒可以消除烦恼，治疗心灵创伤”

你的看法

真相

毒贩有时将冰毒、大麻等毒品放在香烟中或做成各种形态的“药片”或“胶囊”，并以用药后会如何“好玩”“刺激”“快活”“消除烦恼”等来引诱青少年，使其误入歧途。南宋词人辛弃疾《贺新郎·用前韵再赋》：“叹人生，不如意事，十常八九。”人生怎会无烦恼？问题是如何正确对待，依靠吸食毒品来麻醉自己的行为万万不可取。

谎言七

“吸毒可以解乏提神、可以帮你提高学习成绩”

你的看法

真相

青少年正处于长身体、学知识的时期。作为学生，我们都希望自己将来能够考个好大学，出人头地，几乎所有的父母亲也都是“望子成龙、望女成凤”。高考的压力进一步让青少年千方百计地寻求提高自己学习成绩的“秘方”，而毒贩们正是利用了这一点，谎称毒品是“聪明药”，可以解除疲乏、提高注意力、减轻压力，可以提高学习成绩和学习效率，引诱青少年吸毒。然而，吸毒解乏提神只是短暂假象，实际上，吸毒之后大脑中枢神经受到严重损害，脑神经细胞坏死，记忆力衰退，萎靡不振，最终不但因无法学习而成绩下降，还会断送青春与前程。

谎言八

“吸食冰毒、摇头丸、‘K 粉’不上瘾”

你的看法

真相

相对于传统毒品海洛因的生理成瘾表现，新型合成毒品的依赖性主要表现为心理依赖，所以，毒贩谎称吸食冰毒、“K 粉”等合成毒品不成瘾。吸毒者在精神上所产生的感受极为强烈，形成顽固的“心瘾”，这也是毒瘾难戒的根本原因。如若遇到心情不好，首先就想到去“摇头”，寻找解脱，从而走上了一条不归路。

谎言九

“容留他人吸毒不犯法”

你的看法

真相

《中华人民共和国刑法》第三百五十四条规定，容留他人吸食、注射毒品的，处三年以下有期徒刑、拘役或者管制，并处罚金。《最高人民法院关于审理毒品犯罪案件适用法律若干问题的解释》第十二条规定，容留他人吸食、注射毒品，具有下列情形之一的，应当依照刑法第三百五十四条的规定，以容留他人吸毒罪定罪处罚：（一）一次容留多人吸食、注射毒品的；（二）二年内多次容留他人吸食、注射毒品的；（三）二年内曾因容留他人吸食、注射毒品受过行政处罚的；（四）容留未成年人吸食、注射毒品的；（五）以牟利为目的容留他人吸食、注射毒品的；（六）容留他人吸食、注射毒品造成严重后果的；（七）其他应当追究刑事责任的情形。《中华人民共和国禁毒法》规定，上述行为不构成犯罪的，由公安机关处十日以上十五日以下拘留，可以并处三千元以下罚款；情节较轻的，处五日以下拘留或者五百元以下罚款。此外，偶然获得毒品转而私藏也属犯罪行为。

谎言十

“种植罂粟观赏不犯法”

你的看法

真相

罂粟是制造鸦片、吗啡、海洛因等毒品的原植物，国家对罂粟种植实行严格管制，只批准在特定区域内种植罂粟作为生产麻醉药品的原料。《中华人民共和国刑法》第三百五十一条规定，非法种植罂粟、大麻等毒品原植物的，一律强制铲除。有下列情形之一的，处五年以下有期徒刑、拘役或者管制，并处罚金：（一）种植罂粟五百株以上不满三千株或者其他毒品原植物数量较大的；（二）经公安机关处理后又种植的；（三）抗拒铲除的。非法种植罂粟三千株以上或者其他毒品原植物数量大的，处五年以上有期徒刑，并处罚金或者没收财产。非法种植罂粟或者其他毒品原植物，在收获前自动铲除的，可以免除处罚。

相关链接

吸毒者是违法者，也是病人

根据《中华人民共和国禁毒法》等法律规定，吸毒是一种违法行为，必须依法给予治安管理处罚，吸毒成瘾的必须戒除毒瘾。

根据世界卫生组织的定义，吸毒是一种发生在大脑的慢性复发性疾病。在吸毒过程中，病人大脑的结构和功能均发生了改变，吸毒者强制性用药行为与反复使用药物过程中发生的大脑改变密切相关。

对于吸毒人员需要进行教育、治疗、帮助、挽救，恢复其社会功能，实现其社会回归，一味地惩罚是解决不了问题的。

海洛因、甲基苯丙胺（冰毒）、氯胺酮（“K粉”）、摇头丸……只要是毒品，滥用都会造成身体和心理的严重损害。无论任何人，只要尝试就会成瘾，一旦成瘾则难以彻底戒断，给家庭和社会带来严重的危害。

我不吸毒，也需要了解毒品防范知识

缺乏对毒品的正确认知，就会导致防范意识缺失，存在被毒品侵害的隐患。很多人正是因为不了解、不知道毒品的危害而误入歧途。

中国自古就有“上医治未病”的观点，预防重于治病。禁毒教育的对象是全体公民，重点对象则是青少年。我国的禁毒方针是“预防为主、综合治理、禁种、禁制、禁贩、禁吸并举”，吸食前的预防比吸食后的治疗显得更为重要，减少毒品的需求才是禁毒工作的治本之策。

因此，青少年朋友应加强学习毒品防范知识，真正认识其严重危害性，从而增强禁毒意识，提高自觉抵制毒品的能力，并积极参与公益性的禁毒宣传活动。

思考与讨论

1. 怎样才能避免接触到毒品?

2. 还有哪些毒品诱惑的谎言?

3. 与同学们分享你体验较好的毒品知识学习网站。

二、拒绝毒品有技巧

导 读

小杜就读于湖北省X县某高中三年级。2022年4月，小杜经初中同学介绍与社会人员刘某相识。小杜的初中同学早已辍学，同刘某混在一起无所事事。刚开始，小杜与刘某一起吃喝玩乐，悠闲自在，时间长了，小杜感觉耽误学业，有断绝来往之意。刘某察觉后，有意敲诈小杜一笔钱财。

5月10日，刘某等人电话邀约小杜到X县一家餐馆。刘某要小杜补偿此前的开销，小杜说没有钱，刘某便持刀威胁，言语恐吓，从小杜身上搜走400元钱，并逼迫他写下10000元的欠条。小杜回家后，将此事告诉母亲，杜母带儿子一起到公安局报警。

5月12日中午，小杜打电话给办案民警，说刘某等4人驾车到其家门口，威胁其出来见面。民警赶到小杜家，刘某已驾车逃去。当天17时，小杜母亲再次打电话报警："儿子在学校，现在还没有回家。打儿子电话也打不通，怀疑儿子遭绑架。"民警登门询问杜母后猜测，刘某很可能驾车挟持小杜，办案民警迅速将案情上报。X县公安局随后部署警力，合成作战室民警分析研判刘某驾车活动轨迹，刑侦民警调查核实刘某等4人信息。

22时许，小杜回家。民警上门询问，得知刘某不仅殴打小杜，为抓住其把柄还强迫他吸食冰毒。经工作，刘某等人于5月19日向警方投案。目前，刘某等4人已被检察机关移送法院起诉。

分析小杜让自己面临危险的原因，当你遇到类似的情况时，你会怎样处理？

在生活中，充满了形形色色的诱惑，有来自社会环境的，还有来自不良朋友的，特别是当今信息社会，毒品已经无孔不入，如果稍有不慎，祸患就会乘虚而入，为此付出的代价是极为沉重的。在吸毒者中，由于无知、好奇、被他人引诱、欺骗而吸毒的青少年所占的比例最高。

青少年正处在生理、心理发育时期，好奇心重，判别是非能力不强，抵制毒品侵害的心理防线薄弱，加之对毒品的危害性和吸毒的违法性缺乏认识，最容易受到毒品的侵袭。因此，青少年要学会在任何情况下，都要坚决对毒品说："不"！

知识分享

拒绝毒品的方法

1. 学习毒品相关知识，牢记"四知道"

知道什么是毒品；知道毒品极易成瘾，难以戒掉；知道毒品的危害；知道吸毒、贩毒是违法犯罪行为，要受到法律制裁。

2. 构筑拒毒心理防线

青少年对生活充满热情和憧憬，渴望拥有五彩斑斓的生活和精彩人生，学生阶段更是人生成长的关键时期。在这个关键时期，如果沾染毒品，人生悲剧就会从此开始，要避免悲剧的发生，就必须构筑拒绝毒品的心理防线。

（1）正确把握好奇心，抵制不良诱惑

好奇心是青少年成长过程中的心理特征之一。居里夫人说："好奇心是学者的第一美德。"可过度的好奇心，特别是猎奇心、对坏事的好奇心会阻碍青少年的健康成长，走向反面。缪塞说："对坏事的好奇心是一种可诅咒的毛病，是从一切不洁的接触中产生的。”青少年热情、活跃、好奇心强，往往对很多事情缺乏自制力，喜欢尝试。有研究表明，青少年初次吸毒因出于好奇的占到 90% 以上，在受到引诱、教唆、欺骗和被强迫的情况下，尝试了“第一口”，导致一发不可收拾，深深地陷入吸毒成瘾的泥潭，不能自拔。因此，青少年要学会正确把握好奇心。

（2）树立正确的群体意识，正确应对同伴压力

同伴、朋友的压力在影响一个人决定是否尝试毒品方面，往往起着非常重要的作用。随着年龄的增长，青少年的独立意识逐渐加强，家庭的影响力相对减弱，而同伴、朋友之间的相互影响日益增强。如果结交好的同伴，会互相促进，积极向上；反之，可能因此而堕落。所以，青少年在交朋友时一定要慎重。

孔子曰：“益者三友，损者三友。友直、友谅、友多闻，益矣；友便辟、友善柔、友便佞，损矣。”如果你已经有吸毒的朋友，那么你要正确认识他的不良行为；假如他们引诱你吸毒，你要学会对他坚决说“不”。说“不”指的是应该采取的立场和态度，具体拒绝的方式可以因当时的具体情况而定。你可以直截了当地说“不”，也可以主动提出一些反对意见或转换话题，婉转拒绝，还可以找借口离开。如果有可能，你要劝说、帮助吸毒的朋友摆脱毒品。

（3）正确对待挫折和困难，平常心应对

现代社会是充满竞争的社会，各个年龄段的人都面临着巨大的压力与挑战。青少年朋友要全面认识自身的优缺点和不足，正确处理学习、生活、社会交往等各方面遇到的问题。当面对考试失利、成绩不理想、交友不顺，老师家长批评和同学的误解时，要善于控制自己的情绪，千万不要因赌气而离家出走或夜不归宿。面对挫折，绝不能自暴自弃，一蹶不振，更不能走近毒品，在毒雾中寻求一时的解脱，那无疑是自我毁灭。邹韬奋说过：“我认为挫折磨难是锻炼意志、增强能力的好机会。”挫折往往也是人生的宝贵财富，乐观面对，它就能使人变的更加坚强。

（4）不要相信吸毒的谎言，防止成为毒贩的玩物

一些人出于各种原因故意引诱青少年吸毒，这些人多是已吸毒的人，他们要培养更多吸毒者作为“下线”以实现“以贩养吸”。毒品价格昂贵，要想维持吸毒，需要获得大量的金钱。多少腰缠万贯的人都把自己的财产在缕缕毒烟中燃尽，倾家荡产者更是数不清。贩卖毒品的人，常常通过谎编毒品所谓的“神奇”效应，鼓动青少年去尝试，青少年学生缺乏社会经验，容易受人引诱，成为他们进攻的主要目标。对此，青少年要保持高度警惕，不要随便接受别人尤其是陌生人提供的烟、酒或药丸等。

（5）不盲目赶时髦，正确看待时尚

青少年关注潮流、崇尚时尚，往往以文体明星或有一定社会地位的人为偶像，偶像的举止对青少年的影响很大，青少年往往会被某些社会现象或某个公众人物的言行所左右。例如，某个明星叼香烟的姿势会被众多青少年视为时髦而纷纷模仿。当今社会是信息化时代，世界各地所发生的事件可以通过多种渠道迅速传遍全球。各种所谓的“时尚”“亚文化”，都会通过网络快速传递开来。青少年要学会辨别，不盲目跟风，正确看待时尚与潮流。近年来，明星吸毒案件时有发生，青少年千万不要错把明星吸毒当时髦，相信所谓的“灵感”“刺激”，盲目模仿而陷入吸毒的深渊。

3. 养成良好的行为习惯

绝大多数人都知道吸毒、贩毒的危害，可为什么还有人要去做呢？正是因为这些人存在不同程度的性格缺陷和不良行为习惯，吸毒注定了他们的人生是一个不完美的、悲剧的人生。著名教育家陶行知先生说：“播种行为，收获习惯；播种习惯，收获性格；播种性格，收获命运。”青少年朋友要学会从小事做起，养成良好的行为习惯，才能增强抵御毒品侵袭的能力。

（1）远离烟酒

烟酒也是具有依赖性的物质，使用后能改变人的情绪，而且能够产生欣快作用，随着使用时间的延长，使用者对它们也会产生一定的依赖性，其严重程度特别是酗酒并不比使用毒品危害小。烟草中的尼古丁和酒中的乙醇，在进入人体后均可作用于大脑中产生欣快感的神经部位，这一作用机制与毒品（如海洛因、摇头丸、冰毒等）进入人体后的作用过程相似，只是毒品对大脑的作用范围更大，作用强度更强。相关研究表明，吸烟与饮酒是使用毒品的“前奏”，滥用烟酒更容易沾染毒品。因此，青少年远离毒品应从远离烟酒开始。

（2）不涉足青少年不宜进入的场所

歌厅、舞厅、酒吧、网吧、电子游戏厅等各种公共娱乐休闲场所的情况相当复杂，有许多不利于青少年身心健康的因素，也是涉毒问题的高发场所。这些场所由于管理上存在漏洞，往往为吸贩毒活动提供便利，是吸贩毒人员经常出没的地方，同时也是滋生色情和其他犯罪活动的温床。

（3）养成良好的生活习惯

青少年的离家出走、夜不归宿、酗酒、抽烟、泡吧等都是一些比较严重的不良行为。只有注意规范生活中的一言一行，从最小的日常生活细节做起，才可以从根本上杜绝不良习惯的养成，防患于未然。因为，一旦形成严重不良习惯后，就等于走到了危险的边缘，要纠正则很不容易。

曾经有人问一位诺贝尔奖获得者：“您在哪所大学、哪个实验室学到了您认为是最重要的东西呢？”这位白发苍苍的学者说：“是在幼儿园。”“在幼儿园学到些什么呢？”学者答：“把自己的东西分一半给小伙伴、不是自己的东西不要拿、把东西放整齐、吃饭前要洗手、做错了事要表示歉意、要仔细观察周围的大自然……从根本上说，我学到的全部东西就是这些。”可见，从小养成的一些好习惯，看上去似乎微不足道，但是却在很大程度上决定了青少年的人生和命运。多做有益于社会、有利于他人的事，不掩饰错误、不做违法乱纪的事，培养健康的兴趣，充实自己的生活。

4. 树立追求健康幸福生活的目标

健康是人生最宝贵的财富。青少年有了健康的体魄，才能吃得香、睡得

好、学得快乐、玩得尽兴，才能越来越聪明、漂亮、强健，才能成才报效祖国。因此，要加倍珍爱生命，不让毒品吞噬健康的肌体。

（1）珍视生命，做健康的人

生命对于每一个人来说，只有一次，生命不仅属于你自己，而且属于你的父母、亲人，更属于社会。如何让自己这珍贵的一生过得有意义，如何让自己的生命与众不同，如何让自己的生命之花绚烂多姿、焕发光彩，这是每一个人，尤其是高中学生必须要思考的。一旦沾染上毒品，你将会成为毒品的奴隶，失去健康，甚至生命。

（2）奋发努力，做有用的人

牛顿说过：“你若想获得知识，你该下苦功；你若想获得食物，你该下苦功；你若想得到快乐，你也该下苦功，因为辛苦是获得一切的定律。”吸毒不仅危害个人，而且危害家庭和社会，同一切毒品违法犯罪行为做斗争，人人有责。

青少年要从自己做起，还要积极参与学校、社区开展的禁毒宣传活动，拒绝毒品，就是为社会做贡献。青少年时代是人生中最美好的时期，面对人生要始终保持积极、乐观的态度，树立远大的理想和目标，努力学习，不断提升自己，才能成为有用之才。

【小贴士】

我们都知道，身边有吸毒的“伙伴”是非常危险的，不管我们对毒品是什么态度，只要和他们在一起，就会导致自己接触毒品的概率增加。主动远离这些“伙伴”，不再接近他们，甚至与他们终止关系，对于我们保持操守有着十分重要的意义。让我们一起学习几种拒绝的方法。

（一）直接拒绝

大家可以自行设计一句拒绝诱惑的话，不断地进行练习，到了需要的时候就能脱口而出。说话时必须语气坚定、果断、简单有

【小贴士】

力，目视对方，言行一致，不能口是心非。当口说“不”的时候，心中也要想着“不”。例如，“我不去，谢谢！”“对不起，不行！”甚至可以直接说：“滚开，你这个‘瘾君子！’”

（二）“30 秒”原则

“30 秒”原则又称为“救命 30 秒”，即在被毒品诱惑的情况下，让自己想 30 秒钟再做决定，也就是让自己经过反复训练，使之形成一种思维定式：在面对毒品的诱惑时，自己将条件反射式地用 30 秒钟进行一连串联想，最终对毒品说“不”。

（三）转移话题

如果有吸毒人员跟你谈起有关毒品的“快乐”的时候，你要坚决、果断地转移话题，或者找个理由离开他。例如，去洗手间，叫他等一会儿；跟他说一个谜语、笑话之类的；一本正经地对他说：“谈点正事吧！”

（四）间接拒绝

对朋友说“不”，直接拒绝朋友的邀请，也许会感到侮辱了朋友，因此而产生内疚的感觉。假如确实无法突破自己的内疚感，可采用以下的方法拒绝诱惑你吸毒的“朋友”，告诉他吸毒对健康的危害很大，告诉他毒瘾发作时的痛苦，告诉他戒毒很困难，告诉他吸毒是违法行为，会受到处罚。

（五）友情劝说

使用这个方法时，态度要诚恳，要表现出你很重视彼此之间的友谊，但不希望为了尊重友谊而做自己不愿意做的事情，还要告诉对方，自己这样劝说完全是站在他的角度为他着想。这样做，既可以向对方宣传毒品的危害，劝告其戒除毒瘾，又可以使他们主动远离你。

（六）终止关系

自己身边有吸毒的“伙伴”是非常危险的，主动远离这些“伙伴”，不再接近他们，甚至与他们终止关系，是十分重要的。当然，

【小贴士】

终止关系有时并不容易，需要勇气，因为可能会使双方受到伤害。我们可以先与吸毒的“伙伴”平心静气地谈一谈：“因为你仍在吸毒，所以我要与你停止交往，希望你能理解。这不是我们个人之间有什么矛盾，而是我确实不能再和一个正在吸毒的人保持联系。”说话时也要直视对方的眼睛，让对方明白你的决心。

思考与讨论

1. 开展分组讨论，总结生活中难于拒绝的情境，大家一起商讨拒绝的方法。

2. 采用角色扮演，锻炼模拟情境下拒绝他人的技巧，探讨如何提升真实环境中抵御毒品的能力。

三、生活技能助成长

“远离毒品”分为“空间远离”和“时间远离”。“空间远离”是物理空间概念，即不要在现实生活中接触吸毒贩毒人群；“时间远离”是指在没有接触毒品之前，要接受远离毒品的教育和技能训练，这些技能与生活息息相关。

这里所说的生活技能不是泛指日常生活能力，而专指人在心理上的社会适应能力。其目的是使青少年正确认识自己、他人和环境，调整自身行为，发挥个人潜能，建立良好的生活方式，较好地适应社会，健康成长。生活技能训练的目的是预防青少年药物滥用、不安全行为或产生自杀、暴力倾向，以及发生意外伤害等问题。

导 读

“看着桌上一堆试卷，大脑在机械地运转，明天、明天……数学考试、英语背诵、化学习题……我神经质地念叨着，用笔戳着试卷。”

“连续几次的失败沉重地打击了我，但我不认输，仍然努力学习，但为什么成效反而越来越差呢？”

“每天的睡眠总达不到白天上课的要求，以前上初中时，可以通过延长时间来提高学习成绩，但到了高中，就连睡眠也不够，更不用说延长时间了。”

“望着镜中渐失稚气的脸庞，竟隐藏着一丝忧郁与沉重，我茫然……”

“我总是很在意别人怎么看我，担心他们会不会讨厌我、不喜欢我。”

“我已经长大了，我有自己的思想，但父母不能理解我。”

“我喜欢上了那个他（她），我知道不可以早恋，可是我放不下……”

高中生正处于身心发展的关键时期，由于生理上日趋成熟，但社会阅历尚浅，心理上还比较稚嫩，因而不善于处理生活、学习和人际交往中所发生的各种心理冲突，也面临诸多心理问题。

以上的这些问题是否也曾经或正在困扰你，你应该如何应对呢？这些问题与毒品会发生关联吗？

知识分享

（一）什么是生活技能

生活技能是指一个人在心理上的社会适应能力，是一个人有效地处理日常生活中的各种需要和挑战的能力；是个体保持良好的心理状态，并且在与他人、社会和环境的相互关系中，表现出适应和积极行为的能力。根据世界卫生组织的定义，可以概括为五组十种能力：

自我认识能力 / 同理能力；

有效的交流能力 / 人际关系能力；

调节情绪能力 / 缓解压力能力；

创造性思维能力 / 批判性思维能力；

决策能力 / 解决问题能力。

（二）为什么青少年需要生活技能教育

青少年正处在身心发育、学习知识和生活技能、价值观形成及生活方式与行为养成的关键时期，好奇心强，喜欢追求刺激，容易模仿和从众，在认识上具有一定的片面性和局限性，辨别能力较差。在不良社会因素的影响下，可能会获得一些不正确的信息，使自己成为易受毒品侵害的脆弱人群。

在青少年时期开展生活技能训练具有重要意义，扎实的生活技能可以促进良好健康行为的养成，以达到最佳的社会适应状态。

（三）生活技能教育的主要内容

1. 正确认识自我

“我是谁？”通过自我察觉，自我判断，正确认识自我。随着对自己认识的加深，更客观、全面地评价自己。当遇到挫折时勇敢面对，受到不公平待遇时，要理性、平和地争取自己的权益，同时理解和尊重他人。

2. 培养责任感

“我为谁？”缺失责任感常导致许多过错的发生。从青少年时期就开始培养责任感既有助于建立完整的个人生活，对自己负责，也有利于在履行社会、家庭义务时积极、有效地完成自己的任务。

3. 情绪调节

“怎么了？”生活中许多事件会引起个体情绪变化，并通过表情、动作、语气表现出来。一般而言，压抑、生气、沮丧等负面的情绪，往往会对身心造成伤害。承认自己的情绪，并学会以健康的方式调节情绪，这对青少年而言是非常重要的。

4. 学会倾听，有效交流与沟通

“愿听吗？”在日常的学习和生活中，对同一个问题，各人有不同的看法，倾听是了解对方的意见，有效沟通的基础。如果对与自己不一致的意见采取排斥的态度，很容易把自己孤立起来，能够接受不同的声音，有效表达自己的主张，才能更好地与人交流、获得认可。

5. 理解他人

“理解吗？”人与人的思想是存在差异的，比较难以达成一致。交往时应积极了解他人的情绪、顾虑、情感，并设身处地为其着想，这可以更好地实现人与人之间更深层次的互动。

6. 解决问题

“解决啥？”青少年会在生活、学习、交友等社会化过程中，遇到不知如何解决的诸多问题，会感到极大的无助、无奈或困扰。这时，要冷静思考、

分析利弊，寻求老师、家长和信任的朋辈帮助，听取他们的意见，并自主决策，使问题得到正确解决。

7. 缓解紧张和压力

“焦虑吗？”生活中难免会有压力。过度的压力会造成焦虑、紧张，甚至恐惧和抑郁，引发各种疾病。有效调解及疏导压力十分必要，包括正视压力，自我调整，自我放松，找出压力来源，寻求帮助，采取措施改变现状等。

8. 发挥创造力

“创造吗？”创造力包括批判性思考和创造性思考。批判性思考，养成独立分析的能力、习惯，才能进一步有效地解决问题和冲突。创造性思考，跳

出传统的思考方式，综合运用概念和规律，寻找最适合的方案解决问题。

9. 选择与决定

“选择啥？”当面对比较复杂的环境时，做决定是十分困难的。为了做出比较符合现实情况的选择，必须立足具体情况，全面考虑，综合分析，寻求帮助，考量利弊，坚定意志，最终做出正确的决定。

10. 学会说“不”

“拒绝吗？”同伴的不合理要求可能导致许多消极事件发生。当面对不合理要求时，应认真考虑，采用直接或委婉的方式，勇敢地拒绝，学会说“不”。

11. 正确处理异性交往

“交往吗？”青少年生理发育接近成熟，开始注意异性，喜欢在异性面前表现自己。高中阶段异性之间的正常交往，可以起到心理上的互补作用，但是交往中出现的问题，如果不能很好地处理，就会出现焦虑、烦躁等情绪，影响学习和生活。因此，在与异性交往时要保持一定的心理距离，要尊重别人的隐私，不伤害对方的自尊心；要举止大方，不过分拘谨；要自尊自爱，不卖弄自己；不要过分严肃也不要轻佻；不轻易发生性行为。

12. 保护自己

由于对社会问题的复杂性缺乏必要的认识，青少年常常会高估自己的能力，忽略自我保护，导致伤害事件的发生。了解日常生活和学习中可能存在的危险及相应的自我保护方法，才能更好地保护自己。

各种生活技能之间的关系

思考与讨论

同伴，是指空间上比较邻近，有相似的年龄、经验、兴趣、爱好、社会背景、地位、信念、价值观和相似的人格特征的特定群体。他们有相同或接近的观念、行为方式和生活方式，时间和空间上接触机会较多，交流起来更加方便，具有更强的影响力。

同伴压力，是指个人因为渴望被同伴接纳、认可和肯定，避免被排挤，进而选择违背自己意愿去思考或行动的心理压力。在青少年中，来自同伴的压力很难避免，因为想融入朋友的圈子并希望自己受到欢迎，正是因为这种心理，导致青少年往往会迫于同伴压力去做一些自己并不愿意做的事情。

同伴压力、“圈子影响”是青少年涉毒最重要的诱因之一。同伴压力在青少年吸毒问题中起着不可小觑的作用，同伴的影响甚至居于青少年吸毒原因的首位。许多青少年因为交友不慎，在不良朋友的影响和教唆下，开始吸毒，有的甚至是纯粹为了交朋友而盲目顺从，导致吸毒。很多吸毒者都有类似的遭遇，即起初是交了一群不良朋友，虽然此前在学校接受过禁毒教育，但不良朋友告诉他：“怕什么，你看我不是好好的吗？”有些不良朋友还会不断地刺激他：“这个也不敢，那个也不敢，你还算不算个男人？”最后导致他们就在明知毒品有危害的情况下，逐渐染上毒瘾。

通过对同伴压力的了解，思考如何应对同伴压力？

禁毒是一项宏大的系统工程，具有长期性、艰巨性、复杂性的特点。这就决定了禁毒斗争要持之以恒、突出重点、紧抓不懈，必须依靠全社会的力量，只有每个公民都认识到毒品对人类的危害，自觉抵制毒品诱惑，提高自我保护意识，增强社会责任感，才能实现毒品治理体系与治理能力创新，使禁毒成为一项全民自觉的行动。

健康生活的乐趣

第四课 禁毒宣传我参与

在禁毒系统工程中，预防青少年参与毒品违法犯罪是一项重点工作。作为高中生，不仅要知道毒品的危害，不吸毒、不贩毒，还要积极投身禁毒宣传教育，积极参与各种禁毒宣传活动，做禁毒宣传的志愿者，为社会做贡献。

一、如何做禁毒志愿者

毒品，无情地侵害着我们的生活，威胁着青少年的身心健康，侵蚀着人类文明发展的成果。禁毒工作关系千家万户的安康和幸福，关系社会稳定和发展成果的巩固，做好禁毒工作，不仅是国家相关部门的责任，也是每个公民应尽的义务。

在青少年中组织开展禁毒志愿者行动，是以志愿服务的形式，动员社会力量，参与禁毒人民战争的一种有效形式。《中华人民共和国禁毒法》第十条规定：“国家鼓励志愿人员参与禁毒宣传教育和戒毒社会服务工作……”国务院办公厅 2019 年发布《关于新时代推进普通高中育人方式改革的指导意见》指出：“定期组织学生深入社区、医院、福利院、社会救助机构等开展志愿服务”和“把综合素质评价作为招生录取的重要参考”。志愿服务作为践行社会主义核心价值观，突出德育时代性的载体，不仅体现着高中生的德育水平，在服务过程中，更使参与者的沟通能力、共情能力、创新能力等得到显著提升，无疑是强化综合素质培养的有效途径。

作为高中生如何能成长为一名禁毒志愿者呢？

导读

志愿者，要以自己的时间、知识、技能、体力等从事志愿服务。参与心理是社会人士成为志愿者的一个重要原因，也是维系志愿者从事志愿活动

禁毒名言警句

禁毒是全社会的共同责任。责任始于心，奉献源于爱，我会把这句话当作准则，成为一名合格的禁毒志愿者！

的思想支柱，所以志愿者必须对自己的参与心理有一个充分的认识。归纳起来，参与志愿服务工作的心理有以下几种：

1. 帮助有需要的人，回应社会需要；
2. 参与改善社会问题；
3. 尽公民的责任，回报社会；
4. 希望发挥自己所长；
5. 体现自己存在的价值；
6. 学习新的技能；
7. 善用业余时间；
8. 扩宽社交圈子；
9. 获得他人的认可和赞许，以及在群体中的地位；
10. 丰富经验，自我成长；
11. 培养组织能力及领导才能；
12. 寻求新刺激及丰富生活体验；
13. 为未来工作做准备；
14. 感觉志愿服务工作有意义；
15. 赶潮流、追时尚；
16. 出于对志愿服务的好奇心。

请根据你自己的实际情况，找出你参加志愿服务工作的心理是什么？

知识分享

（一）禁毒志愿者的定义

禁毒志愿者，是指不为物质报酬，基于良知、信念和责任，自愿为社会和他人提供禁毒宣传教育服务和帮扶吸毒人员戒除毒瘾回归社会的人员。禁毒志愿者需要掌握一定的禁毒基本知识，具备开展禁毒宣传教育工作的能力；拥有一定社会工作技能，具有“面对面”开展吸毒人员帮扶工作的能力。

青年学生具有较高思想觉悟，热心社会公益事业，在学有余力的情况下，不为物质报酬，利用业余时间，结合所学专业知识，向社会和他人提供义务服务、奉献爱心，是禁毒志愿者的主要力量。

近年来，学校志愿者队伍不断扩大，禁毒志愿服务的作用和影响日益增强，志愿精神得到大力弘扬，不仅成为学校开展思想政治工作的有效途径之一，同时在构建和谐社会方面也发挥了积极作用。

（二）禁毒志愿者的类型

1. 宣传教育类

教育工作者、媒体工作者、法律工作者、卫生防疫工作者等。

2. 关怀帮教类

社会工作者、医务工作者、警务工作者、行政工作者、职业技术人员、心理咨询工作者等。

3. 毒情调查类

教师、学生、记者、禁毒警察、社会科学研究人员等。

（三）禁毒志愿服务的对象及内容

1. 学校的老师同学

学校的禁毒宣传教育不能只是单向的老师教育学生，而应该是师生的互动，共同参与并开展禁毒演讲比赛、辩论赛等活动，文化禁毒，共同提高。发挥学生的主观能动性，开展同伴教育，互帮互助，形成“不让毒品进校园”的良好氛围。

2. 家中的父母亲属

把在学校学到的禁毒理念、知识和拒毒技能带回家中，与父母、亲人共同分享。开展“手牵手、心连心，禁毒路上健步走”活动，运动禁毒，养成良好生活行为习惯。形成温暖的、团结和睦的家庭关系，构筑“不让毒品进我家”的铜墙铁壁。

3. 社区的邻居居民

充分利用寒暑假期和“6·26”国际禁毒日、“12·1”世界艾滋病日等，积极参与社区禁毒防艾宣传活动，通过发放宣传单、入户宣讲、社区演讲、广场活动，以及利用互联网和 AI、AR 等科技手段多元化地开展禁毒宣传，共同打造“绿色小区、无毒社区”。

（四）如何成为一名合格的禁毒志愿者

1. 掌握志愿者及志愿服务工作的相关理论，持之以恒的坚持

包括志愿者精神与志愿者责任、志愿组织建设与志愿者工作激励机制、团队工作的意义及其目标等。

2. 了解禁毒相关知识与技能，参与禁毒宣传教育活动

包括禁毒志愿者工作目标与任务、对公众进行禁毒宣传的方式和方法、毒品的流行态势、毒品的种类与危害、禁毒的意义及措施等。

3. 懂得社会工作原理，参与禁毒社会工作服务

例如，个案工作、小组工作、社区工作等方法，掌握一定的心理学、教育学知识。

4. 熟悉团队合作方式，掌握青少年生活技能

例如，组织与协作的能力；人际沟通技巧；批判性思考的能力；解决问题、做决定的能力；处理情绪问题和缓解压力的能力等。

课后实践

设计一个关于禁毒宣传的微博，发布一些你自己的个人想法和心得，与更多的朋友交流一下关于禁毒的知识，展示你的思想观点，做一名有强烈社会责任感的禁毒志愿者。

请列出你的微博的框架：

二、如何开展禁毒志愿活动

1993 年，共青团中央发起实施了中国青年志愿者行动，吸引了广大青年加入志愿者服务行列，也吸引了众多研究者关注志愿服务活动。在政府的推动和鼓励下，在“奉献、友爱、互助、进步”精神的指引下，广大青少年积极投身扶贫支教、社区发展、抢险救灾、扶危济困、城市文明创建、环境保护、大型赛会等领域的志愿服务。

中国青年志愿者行动已经成为动员青年学生参与经济社会建设和群众性精神文明建设的重要载体，目前高中生志愿者逐渐成为当前社会志愿服务队伍的重要组成部分之一。禁毒工作是一场需要全民参与的持久战，高中生更应该积极参与其中，有效开展禁毒志愿活动。

导读

“妈妈禁毒联盟”是以“关爱生命、呵护家庭”为目标的禁毒民间公益组织，动员群众特别是广大妇女携起手来，构建识毒、防毒、拒毒的防线。首个联盟于 2011 年在长沙挂牌成立，之后，如同雨后春笋般，湖南省 14 个市州地区接连创办了 34168 个妈妈禁毒联盟，有 519178 名妈妈加入这一行列中。

这支爱心禁毒团队的成立，始于一个帮教成功的典型案例。在当地，一名未成年人因父母在外打工缺少管束，因好奇而沾染上了毒品。热心的邻居朱阿姨得知后，主动与他结对帮教，电话一次不接打两次、三次。慢慢地，他在朱阿姨的帮助下，能定期主动到社区尿检，并经常宣传染毒的危害。为了让更多的“朱阿姨”参与到禁毒工作中来，该镇广泛招募禁毒妇女志愿者，联手成立“妈妈禁毒联盟”公益组织。妈妈们开设“小课堂”开展禁毒教育，组建“小基地”宣传禁毒文化，组织“小分队”开展一对一帮扶。她们用亲情和母爱凝聚了一个个家庭，全家总动员与吸毒人员家庭结对，用和谐、平安的家文化，警醒广大家庭成员特别是未成年人远离毒品，珍爱生命。

相关链接

2011 年 3 月 22 日，全国首个以“妈妈”为主体的民间禁毒公益组织——“雨花区妈妈禁毒联盟”由民间禁毒人士孟繁英发起成立，并建立社区青少年禁毒教育基地，延伸帮教戒毒学员 2000 多名，针对青少年人群，开展禁毒法律宣传教育 100 多场，发展民间禁毒志愿者 20000 多名。

在 2011 年第 24 个“6·26”国际禁毒日，孟繁英又发起了“蓝结”行动之手语《呼唤》暨“世界最大规模的禁毒公益歌曲手语表演原创世界纪录”活动，此次活动由长沙市雨花区的 30 个“妈妈禁毒联盟”，共计 13800 名禁毒志愿者以接力的方式在社区、学校、机关、广场等表演手语《呼唤》。“举民间禁毒之力，倡民间禁毒之风，献湖湘之爱，创世界之最”，吹响了民间禁毒的号角，在社会上产生了震撼效应。

你觉得“妈妈禁毒联盟”的兴起与发展，在宣传禁毒知识、帮教未成年人涉毒问题上起到了哪些作用？

知识分享

（一）高中生参与禁毒志愿工作的方法

高中是我们学业任务较重的一个阶段，也是我们人生成长的一个飞跃时期，我们在完成学业的同时，也应当开始思考人生的责任。高中生参与禁

毒的一个主要的目的就是通过学习禁毒知识，提高自己防毒、拒毒的能力。另外，高中生即将成年，必须具备明辨是非的能力，也应承担一定的社会责任，共同参与禁毒志愿工作。

1. 学习

参与禁毒的方法首先就是学习，可以通过学校学习，也可以通过其他渠道进行学习，如通过家庭教育、社区宣传、网络、报纸杂志、电影电视等媒体进行学习。具体学习的方法有：

- 通过课堂学习了解有关毒品的知识、毒品的危害；
- 参观禁毒教育基地展览；
- 参加禁毒志愿者培训；
- 观看禁毒影视资料。

【提示】通过广播、黑板报、宣传栏、国旗下讲话等形式，学习禁毒相关知识；也可以上网收集、阅读、浏览禁毒宣传资料。

2. 宣传

在学习了一定知识的基础上，利用各种机会，运用各种方法进行禁毒宣传，普及禁毒知识，转变禁毒靠公安的意识，拥有正确的对待毒品的态度，增强抵御毒品侵害的能力。具体宣传的方法有：

- 禁毒日、禁毒月宣传活动；
- 专题活动，如“不让毒品进校园”“不让毒品进家庭”等禁毒宣传教育活动；
- 主题班会、情景剧展演；
- 专题讨论、辩论赛；
- 知识竞赛、演讲比赛等。

【提示】可以在“6·26”国际禁毒日等专题活动日前后，组织同学在学校或到各社区开展志愿者服务宣传活动，张贴禁毒宣传单、禁毒海报，开展社会调查等；还可以向家长宣传在学校学习到的相关禁毒知识。

3. 同伴教育

【例】 X县一名高三学生在第三次摸底考试期间，受人诱惑，把“冰毒”当成提神保健品服用，结果一失足成千古恨，高考落榜！在父母、师长、同学的帮助下，又重回校园，参加高考！

【提示】在学校，同学之间存在共同话题，因为有着相似的经历，更愿意听取同学（同伴）的建议，所以在抵制毒品的过程中，同学之间的互相帮助和鼓励是极其重要的。

4. 监督和影响

【例1】 陈某学习成绩不好，与社会上一些不良青年走得很近。他的父母通过参加学校组织的“如何观察你的孩子有异常行为”的家长交流会，发现了自己孩子的异常举动，为了让孩子远离诱惑，每天坚持接送他上下学，在学校和家长的共同努力下陈某终于恢复了正常的学习和生活。

【例2】 小明的父母吸毒，小明用在学校学习的禁毒知识劝说父母戒毒，并陪同父母到所在辖区参加社区戒毒，最终这对父母在孩子的影响下戒断了毒瘾。

【提示】我们在参与禁毒志愿活动的过程中，需要学校、家长、同学之间的相互配合，也需要学生与家长之间相互监督和引导，以确保不沾染毒品，健康生活。我们了解了毒品基本知识，掌握了如何拒绝毒品，对创建无毒学校、无毒家庭具有很好的推动作用！

（二）高中生参与禁毒志愿活动的途径

1. 在家里，做好禁毒的宣传员和监督员

家庭是禁毒宣传教育的主要场所，我们要向家庭成员宣传毒品会给个人、家庭和社会带来的损害，使家庭成员深刻认识到毒品的危害性，要学习有关禁毒的法律法规，增强法治观念，树立依法禁毒的意识，从我做起，从每一个小家庭做起，让一个个家庭共同筑起拒绝毒品的防线。

如果有家庭成员误入歧途，我们要努力挽救，要用科学的方法帮助他们戒毒，要用亲情去感化他们，让他们感受家庭对他们的需要。如果家庭成员有涉毒违法犯罪行为，我们要劝其投案自首，如果不听劝告，要履行检举、揭发的公民义务，绝对不能包庇纵容。要树立禁毒人人有责、家家有份的意识。

家庭成员一起培养文明、科学、健康的生活方式，通过相互学习交流，增强自我保护的意识，相互督促、远离毒品，如果有条件，可开展对涉毒家庭的帮助活动，努力减轻毒品对家庭的伤害，真正做到“不让毒品进家庭”。

2. 在学校，积极参与各种禁毒宣传教育活动

学校是我们学习和结交朋友的主要场所，也是开展禁毒宣传教育活动的最主要阵地。作为高中生，我们在努力完成学习任务的同时，更要注重思想道德的提高和世界观的形成，积极参与学校组织的各项禁毒宣传教育活动，如聆听禁毒知识讲座、参观禁毒展览馆，开展禁毒主题班会和校园宣传活动等，从而增强自觉远离毒品的意识和抵制毒品的能力，并积极参与学校各类文体活动，在这些活动中增强体质、陶冶情操。

3. 在社区，积极参与禁毒志愿活动

社区是我们家庭生活的外围环境，社区的安定与我们息息相关。高中生即将走向成年，这也意味着要承担起更多的社会责任、履行更多的社会义务。高中生可以参加社区禁毒宣传教育工作，为营造一个良好的生活环境贡献力量。

我们可以加入禁毒志愿者的行列，深入社区，以演讲、演出、帮扶活动等多种形式，科学地宣讲毒品预防知识，正确认识毒品危害、自觉远离毒品。加入社区组织或公益团体，针对误入歧途的青少年和家庭生活困难的青少年提供学业辅导、生活帮助，组织他们开展健康有益的各类活动，使他们感受到社会的关心和温暖。

课后实践

同学们，参与禁毒志愿活动后，你一定对禁毒工作的重要性有了更深刻的认识，禁毒工作是一项需要长期坚持的工作，需要我们每一个人的参与和努力。

请你设计一个禁毒宣传教育活动的方案。

1. 活动的目的意义
2. 活动的内容要旨
3. 活动的流程形式
4. 活动的组织安排
5. 活动的注意事项

三、志愿服务助我成长

导读

小安（化名），女，17 岁，五年制高职二年级学生，走读，在校成绩是班级倒数第三名，学习动力不足，一年级时有多门科目不及格，性格内向，与班级中的大部分同学没有接触，仅与少数几位有一般性的交往，与因违纪被勒令退学的某高年级男生交往，后被家长强制分手，家庭环境正常，父母的工作、社会活动较多。

小安一年级时有两次旷课记录，且两次离家出走，在外数日。第二次离家出走后萌生退学念头，当时因临近期末，所以系部给予她休学处理，新学期开学报到时小安表示希望继续念书，学校让她写下承诺书，承诺“如再出现离家出走、无故旷课等违纪行为，则自动退学”，并让家长签字确认。

班主任通过多次交流谈话给予她更多的关注和及时的肯定与鼓励，从小细节上给予小安更多的关爱，还特别鼓励她积极参加志愿服务活动。恰逢学校的志愿服务队承担市爱心义工协会“轮椅上的阳光”志愿服务项目，每周末都需组织学生到市老年公寓参加志愿服务，在此机缘巧合之下，小安参加了一次志愿活动，活动中小安细心地照顾那些老人，推着老人的轮椅散步并陪老人聊天，停下来晒太阳的时候给老人修剪指甲等。她的热心服务赢得老人们和爱心义工协会负责人的纷纷赞许。活动结束后，小安说：“陪那些老人聊聊天挺有意思的”。班主任在班级中以此将她树立为典型，对她的行为和改变给予了肯定和赞扬，又以她为榜样带动其他同学参与到志愿服务中。在那以后，小安如无特殊情况，基本上每周都参加志愿活动。通过一次一次的活动，发生在她身上的改变也越来越大。

之后，小安再也没有出现过违纪行为，学习上也有了更多的主动性。晨会课前经常会看到她与同学讨论问题的身影，成绩上也取得了进步，不及格科目通过补考仅剩四门尚未通过。在志愿服务活动中，她获得的自我成长尤为明显。在学校文化艺术节的闭幕式上，她参加了《感谢你》的手语表演，演出前三周的时间她放弃午间休息来参加排练，最后一周也是每晚都留下来参加彩排。她也因在志愿服务活动中的突出表现被学校评为“优秀志愿者”。谈到小安的变化，她觉得在帮助别人的过程中，自己也获得了很多。

为什么小安会在参加志愿服务的过程中能获得正向的变化？

知识分享

（一）禁毒志愿服务的价值

1. 社会层面

一是唤起民众参与禁毒斗争的意识。禁毒工作离不开社会大众的参与，而禁毒志愿者行动正是在新的历史条件下组织、调动全社会力量参与禁毒斗争的重要形式和有效途径。实践证明，人民群众中蕴藏着参与禁毒斗争的巨大热情和发展潜力，如北京的群众，曾参与破获多起明星吸毒案件。

二是有助于社会的进步。禁毒志愿服务工作，提供了人与人之间互相帮助的机会，加强了人与人之间的交往及关怀，降低彼此间的疏远感，给受到毒品侵害的群体最大的鼓励和关怀，有效地促进社会和谐。另外，志愿者在

把关怀带给社会的同时，也传递了爱心，传播了文明，这种爱心和文明从一个人身上传到另一个人身上，最终汇聚成一股强大的社会暖流，成为社会主义精神文明建设的有效载体。

三是完善社会保障。志愿者在服务保障、精神保障两个层面和社会救助、社会福利等方面开展工作，可以协助、改善和加强我国的社会工作和社区服务，实践“助人自助”的理念，发展社区服务体系，促建完善的社会保障体系。

四是创造社会经济价值。志愿服务本身具有经济价值，能够创造巨大的社会经济效益，既不需要政府较多的投入，又能够满足社会群体对服务的需求，并且有着较低的成本。前联合国秘书长安南指出，在世界各地，志愿者的贡献往往被忽略。根据一些国家的统计，志愿服务创造的经济价值能够达到国民生产总值的 8% 到 14% 左右。他举例说，在美国，志愿者的服务相当于 900 万工作者的全时工作量，每年创造 2550 亿美元的经济价值。

2. 个人层面

禁毒志愿活动促进个人的提升与成长。一是奉献社会。志愿者通过参与志愿工作，提高社会责任感。二是丰富生活体验。志愿者利用业余时间，参与禁毒志愿活动，既可扩大自己的生活圈子，又可以加深对社会的认识，这对志愿者自身的成长是十分有益的。三是增加学习的机会。志愿者在参与志愿工作过程中，除了可以帮助他人以外，还可以培养组织及领导能力，学习新知识、增强自信心及学会与人相处等，实现“助人自助”目标。

3. 服务对象层面

志愿者可以帮助戒毒人群融入社会，增强归属感。通过志愿者服务，能有效地帮助服务对象扩大社交圈子，感受关爱和温暖，增强他们对人、对社会的信心。同时，志愿者以亲切的关怀和鼓励，帮助服务对象减轻接受服务时的自卑感和疏远感，从而使其建立自尊心和自信心。

（二）志愿服务与青少年的价值体现

1. 志愿服务有助于提升青少年的综合能力

大多数的青少年认为参加志愿服务后，对综合能力的提升有很大帮助。参加志愿服务，积累了工作经验，锻炼了自己的团队协作、组织管理、应急处置、沟通协调、人际交往等能力，增强了自身的服务意识和吃苦耐劳的精神。同时，在参加志愿服务的过程中，青少年需要用爱心、耐心和细心去解决各类问题，更加有利于良好品德的养成。

青少年在志愿服务中充分发挥主观能动性，将所学的“知”化为“行”，使青少年不仅具备“纸上的学问”，还增加了对“社会应用之事”的了解，提升了社会实践的能力。因此，青少年志愿服务的过程，既是服务社会、反馈社会的过程，又是一个提升自身综合能力的过程，亦能增强青少年的自我价值感。

2. 志愿服务有助于增强青少年的社会责任感

在志愿服务中，会接触到社会需要关注的弱势群体，有超过 80%的学生参加完志愿服务后感到应当承担更多的社会责任。社会责任感是学生素质的直接体现，学生能否勇于担当社会责任，直接关系着国家的前途和命运。而志愿服务将很大程度地提升青少年社会责任感，使其加深对社会的认识，明确作为一名公民对社会的义务。在志愿服务过程中，青少年通过切实的行动来帮助他人、服务社会、奉献自己，把社会的期望内化为自身需求。社会的认可、公众的赞誉使其体验到关爱、帮助和服务他人的乐趣及成就感，这种情感上的调动势必促使个体动机的增强，从而实现责任的具体化。

3. 志愿服务有助于培养青少年正确的人生观、价值观

从志愿服务的历史渊源来看，守望相助和爱心奉献是志愿者参与志愿服务主要的心理动因，无论是哪种形式的志愿服务，都包含了志愿者实现自我价值的需要。青少年在志愿服务中，提前融入社会，检验自己的能力，从而

能校正自己的人生轨迹和目标，触发对人生理想的思考。

志愿服务有助于培养青少年的感恩意识、公益意识、关怀意识、责任意识与奉献精神等，其核心是帮助青少年树立正确的价值观和人生观。志愿服务就是培养青少年价值取向的主要载体之一，是知行合一的主要方法和途径，学生在进行志愿服务的过程中会不断吸收社会给予的积极因素，将志愿服务过程中的奉献精神和道德情怀转变为自身的价值观，而这一价值观和社会主义核心价值观必然是一致的。

（三）通过志愿服务实现自我成长

青少年时期，往往具有一定的自我认知，又恰好处于青春叛逆期，已经不再接受儿童时期那种依赖性和服从性的社会化方式，但由于成熟度不够，青少年往往又需要社会给其灌输正确的价值观，帮助其适应社会生活，培养其社会生活技能。通常，青少年的社会化过程主要由学校和家庭来承担，通过教育和培训，青少年已经具备了一定的社会化水平、基础知识和生活技能。

青少年参与禁毒志愿活动更为注重的是通过助人来实现自助，即自我探索和自我成长。志愿者参与志愿服务的动机主要有：自豪感，以志愿者的身份为骄傲；自我实现感，为展示自我的能力而高兴；荣誉感，因为志愿服务得到了成绩而受到表扬、嘉奖，从而产生荣誉感。青少年作为志愿者，在为更需要帮助的弱势群体服务的过程中，许多自我认知都会发生转变或者说是重新构建，通过参与志愿活动使青少年在对自己进行重新定位的同时也逐渐得到了锻炼，更加迅速地成长起来。

传播禁毒知识，践行禁毒誓言，用最美好的青春，一起携手为禁毒事业尽一份力！

学会对毒品说“不”

禁毒人民战争我参战

禁毒利国、利民、利己

课后实践

制订一份“我的人生规划”。

人的生命是珍贵的，每个个体都是唯一的，没有其他个体可以替代。规划好自己的人生，将是今后迈向成功的一大步！

对于我们每个人来说，重要的是对自己的未来进行规划，有了目标，内心的力量才会找到方向，才可能会成功。

机会总是留给有准备的人。因此，我们应该理性地规划自己的人生，时刻为自己精彩的人生付出努力和汗水。人生如大海航行，人生规划就是基本航线，有了航线，我们就不会偏离目标，更不会迷失方向，就能更加顺利和快速地驶向成功的彼岸。

请在家长指导下，给自己做一份人生规划。

禁毒小课堂

禁毒小课堂

图书在版编目（CIP）数据

高中生毒品预防专题教育手册 / 郑伟俊，莫关耀编．-- 北京 ：中国人民公安大学出版社，2024.6

ISBN 978-7-5653-4509-8

Ⅰ．①高… Ⅱ．①郑… ②莫… Ⅲ．①禁毒－高中－教学参考资料 Ⅳ．①G631

中国国家版本馆CIP数据核字(2023)第090080号

中小学生“平安课堂”系列丛书

高中生毒品预防专题教育手册

郑伟俊　莫关耀　编

责任编辑：关　欣
装帧设计：方舟正佳
责任印制：周振东

出版发行：中国人民公安大学出版社
地　　址：北京市西城区木樨地南里
邮政编码：100038
经　　销：新华书店
印　　刷：天津盛辉印刷有限公司

版　　次：2024年6月第1版
印　　次：2024年11月第2次
印　　张：7.25
开　　本：787毫米 × 1092毫米　1/16
字　　数：101千字

书　　号：ISBN 978－7－5653－4509－8
定　　价：36.00元

网　　址：www.cppsup.com.cn　www.porclub.com.cn
电子邮箱：zbs@cppsup.com　zbs@cppsu.edu.cn

营销中心电话：010－83903991
读者服务部电话（门市）：010－83903257
警官读者俱乐部电话（网购、邮购）：010－83901775

本社图书出现印装质量问题，由本社负责退换
版权所有　侵权必究